涵养好品德

《新时代公民道德建设实施纲要》十讲

张彦　郗凤芹　等◎著

人民出版社

责任编辑：洪　琼

图书在版编目（CIP）数据

涵养好品德：《新时代公民道德建设实施纲要》十讲／张彦，
　郗凤芹 等著 . —北京：人民出版社，2020.6
ISBN 978 – 7 – 01 – 021998 – 1

I.①涵…　 II.①张…②郗…　 III.①公民教育 – 社会公德教育 –
　中国 – 学习参考资料　 IV.① D648.3

中国版本图书馆 CIP 数据核字（2020）第 052254 号

涵养好品德

HANYANG HAO PINDE

——《新时代公民道德建设实施纲要》十讲

张彦　郗凤芹 等　著

人 民 出 版 社 出版发行

（100706　北京市东城区隆福寺街 99 号）

北京汇林印务有限公司印刷　新华书店经销

2020 年 6 月第 1 版　 2020 年 6 月北京第 1 次印刷
开本：710 毫米 × 1000 毫米 1/16　印张：12
字数：200 千字

ISBN 978 – 7 – 01 – 021998 – 1　定价：39.80 元

邮购地址 100706　北京市东城区隆福寺街 99 号
人民东方图书销售中心　电话（010）65250042　65289539

目　　录

第一讲　以良好家风涵育道德品行 .... / 1

家庭是社会的基本细胞，是公民道德养成的起点。要弘扬中华民族传统家庭美德，推动形成爱国爱家、相亲相爱、向上向善、共建共享的社会主义家庭文明新风尚，重在优化内容、创新载体、营造氛围，让美德在家庭中生根、在亲情中升华。

第二讲　以传统美德陶冶道德情操 .... / 19

"求木之长者，必固其根本；欲流之远者，必浚其泉源。"中华优秀传统文化是中华民族的精神命脉，是涵养社会主义核心价值观的重要源泉，也是我们在世界文化激荡中站稳脚跟的坚实根基。

第三讲　以爱国之情砥砺时代动能..................../ 39

新时代爱国精神依托日常生活场域，摒弃大事化爱国的"悬浮化"理念，重视向现实化的实践转化。在日常生活中、在爱岗敬业的奋斗中、在力所能及的范围内孕育爱国情怀，积蓄爱国力量，脚踏实地，身体力行，成为新时代每个公民彰显爱国美德、弘扬爱国主义精神的日常图式。

第四讲　以敬业之本守正职业初心........................./ 55

工作，不仅体现的是一种谋生手段，也蕴含着一种职业精神；岗位，不仅是"岗"加"位"的一个简单结合，更蕴含着一种责任与力量，体现着具有超越"蜜蜂劳动"的能动性和崇高性。敬业，强调尽心竭力、精益求精；爱岗，重在倾情投入、恪尽职守，爱岗敬业的故事不仅感动着一批人，更多的是在影响着一批人、鼓舞着一批人。

第五讲　以慈善之心壮大公益力量........................./ 73

从"公"和"益"两大逻辑展开：公益之"公"，应是"双界"的有机统一，既要追求"我在其中"的无界公益，更要践行"其中有我"的全界公益；公益之"益"，须求"三化"的并驾齐驱，将"益"细化、深化、优化。

第六讲　以先进榜样引领道德风尚......................../ 91

向先进榜样学品质，就是要学习榜样高尚的个人品德和强烈的社会责任感，像榜样那样忠诚爱国、自强自律；像榜样那样明礼遵规、勤劳善良；像榜样那样清正廉洁、宽厚正直；像榜样那样甘于奉献、大公无私，在为他人送温暖、为社会做贡献过程中提高精神境界、培育道德风尚。

第七讲　以诚信之道建设信用大国......................./ 109

诚信从人从言，本质就是好品德。传统意义上的诚信更多具有为个人立身立命、诉求人道、天道的基本意蕴。在新时代，诚信更多表现为一种联结个体和社会的共同体道德，强调了一种基于个人诚信内在品质之上的、具备共同体价值要素的规范性、持续性、高位格的价值品质。

目

录

德品致

目
录

5

前　言

　　中国特色社会主义进入新时代，加强公民道德建设、提高全社会道德水平，是全面建成小康社会、全面建设社会主义现代化强国的战略任务，是适应我国社会主要矛盾变化、满足人民对美好生活向往的迫切需要，是促进社会全面进步、人的全面发展的必然要求。2019年10月，中共中央、国务院颁布《新时代公民道德建设实施纲要》，从总体要求、重点任务、深化道德教育引导、推动道德实践养成、抓好网络空间道德建设、发挥制度保障作用、加强组织领导七个方面构建新时代公民道德建设的内容体系。作为一个战略指导性文件，它对于推动全民道德素质和社会文明程度达到新高度，决胜全面建成小康社会、开启全面建设社会主义现代化强国新征程，具有十分重要的意义。

　　《新时代公民道德建设实施纲要》是对2001年《公民道德建设实施纲要》的继承与创新，对新时代公民道德建设提出了更高要求，对公民道德建设的意义和作用做出了新概括，丰富了符合时代要求的新内容，总结了公民道德建设的新问题，拓展了公民道德治理的新场域，具有强烈的时代性、实践性和人民性。

　　党的十八大以来，习近平总书记在不同场合多次谈道：激发人们形成善良的道德意愿、道德情感，培育正确的道德判断和道德责任，提高道德实践能力尤其是自觉践行能力，引导人们向往和追求讲道德、尊道德、守道德的生活，形成向上的力量、向善的力量。领导干部要讲政德。政德是整个社会道德建设的风向标。立政德，就要明大德、守公

立政德就要明大德守公德严私德

庚子之春 黄继成

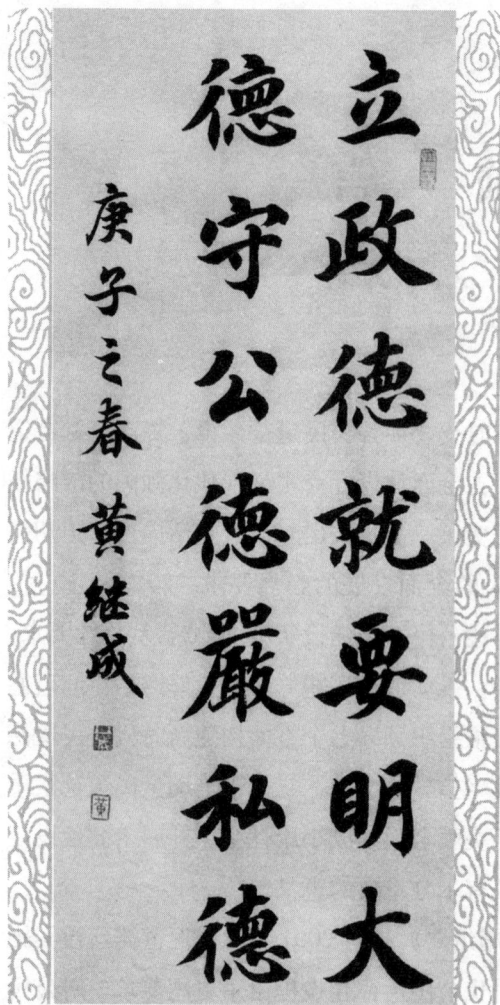

德、严私德。"青年要把正确的道德认知、自觉的道德养成、积极的道德实践紧密结合起来，不断修身立德，打牢道德根基，在人生道路上走得更正、走得更远。"① 新时代，美好生活的实现需要每一个人答好道德考卷，共同追求真善美的统一。

公民要讲道德、尊道德、守道德，心怀爱国之情，守正职业初心，践行诚信之道，参与公益活动，继承良好家风，学习先进榜样，弘扬传统美德，遵守道德制度，强化道德治理，培养文明网络自律行为。将道德规范与道德内化相结合，将崇高的道德理想与坚定的道德行为相结合，将个体修养与社会责任相结合。其一，遵守道德规范，实现道德内化，做到他律与自律并重。道德规范是判断是非善恶的重要标准，它以"应该做什么"以及"应该如何做"为核心要义，通过对道德个体的道德行为进行约束和规范，努力营造和谐有序的道德氛围。公民

---

① 习近平：《在纪念五四运动100周年大会上的讲话》，北京：人民出版社2019年版，第11页。

道德规范是一个国家所有公民必须遵守和履行的道德规范的总和。遵守道德规范，是每一个公民应尽的道德义务。与此同时，如何把道德规范的他律性转化为道德个体对自我的内在要求，是公民道德建设的关键。为此，公民要在理解、认同道德规范的基础上，将其转化为内生性、主动性、自律性的道德习惯、道德品质与道德力量，使道德规范生活化、常态化。其二，树立崇高理想，坚定道德行为，做到理想与行为统一。道德理想作为时代新人的价值指引，为道德行为提供精神动力。形而上者谓之道，形而下者谓之器。在世界"百年未有之大变局"的今天，公民应树立不拘泥于器具层面的道德理想，自觉抵制个人主义、享乐主义、消费主义、道德虚无主义等错误思想的侵蚀，坚守人之为人的价值承诺。同时，应以持之以恒的道德锤炼、脚踏实地的道德行动守护理想与初心。其三，提升个人修养，履行社会责任，做到个体与社会同行。人是个体性与社会性的统一。作为社会共同体的一分子，个体所要思考的不仅包含什么样的生活对我来说是好的生活，而且包含什么样的生活对我们来说是好的生活。公民要坚持个人梦与中国梦的统一，既要从知、情、意、信、行等方面提升自身的道德修养，从我做起，从日常小事做起，坚定不移地坚守并践行善与正义，又要保持对他者的道德关切，积极承担自己作为社会人的使命与担当，提升对共同体事务关注的热情，增强为他者、为社会的责任伦理，为实现中华民族伟大复兴而奋斗。

[第一讲]

以良好家风涵育道德品行

　　家庭是社会的基本细胞，是公民道德养成的起点。要弘扬中华民族传统家庭美德，推动形成爱国爱家、相亲相爱、向上向善、共建共享的社会主义家庭文明新风尚，重在优化内容、创新载体、营造氛围，让美德在家庭中生根、在亲情中升华。

道德建设既要教育引导也要靠有效治理

涵养好品德

弘扬优良家风是提升公民道德素质、加强新时代公民道德建设的重要内容。在《新时代公民道德建设实施纲要》（简称《纲要》）中将家庭美德建设作为加强公民道德建设总体要求的重要组成部分，将良好的家教家风作为涵育个人道德品行的起点。《纲要》中指出："要弘扬中华民族传统家庭美德，倡导现代家庭文明观念，推动形成爱国爱家、相亲相爱、向上向善、共建共享的社会主义家庭文明新风尚，让美德在家庭中生根、在亲情中升华。"①"文明家庭创建要聚焦涵育家庭美德，弘扬优良家风。"②自古以来，家规、家训、家风就如同一个家庭的"核心价值观"，是家庭教育最基本的形式，是社会和谐安宁的重要保障，更是国家繁荣昌盛的稳定基石。《孟子·离娄章句上》中言："天下之本在国，国之本在家，家之本在身。"党的十八大以来，以习近平同志为核心的党中央高度重视党员干部的家风建设问题。关于家风建设，习近平总书记曾多次谈到，"家庭是社会的基本细胞，是人生的第一所学校。不论时代发生多大变化，不论生活格局发生多大变化，我们都要重视家庭建设、注重家庭、注重家教、注重家风"。③中国特色社会主义发展进入新时代的今天，时代在不断变化，但推进家庭文明建设、弘扬家风文化亦然重要。以家风带党风、民风、社风，才能使千千万万个家庭成为国家发展、民族进步、社会和谐的重要基点，成为人们梦想启航的地方。

---

① 《新时代公民道德建设实施纲要》，北京：人民出版社 2019 年版，第 10—11 页。

② 《新时代公民道德建设实施纲要》，北京：人民出版社 2016 年版，第 16 页。

③ 《习近平关于全面建成小康社会论述摘编》，北京：中央文献出版社 2016 年版，第 121 页。

一、家风传承新故事

中华民族历来重视家庭，中华民族的传统家庭美德和优良家风家训是新时代家庭文明建设的宝贵精神财富。无论时代如何变化，社会如何发展，家庭的社会功能和文明作用都不可替代。每一个时代都会涌现出一批先进的文明家庭，演绎这个时代的优良家风故事。2016 年 12 月 12 日，第一届全国文明家庭表彰大会在北京举行。习近平总书记在会见第一届全国文明家庭代表时，盛赞代表们的优良家风温暖了人心，诠释了文明，传播了正能量，为全社会树立了榜样，都是好样的！①

曹凯："我们家的传家宝是'红色家风'"

"别人家的传家宝是金壶银壶，而我们家的传家宝是'红色家风'。我要求家庭中的每个人都要发扬自力更生、艰苦朴素的延安精神，通过学习不断提高个人能力，多为社会作贡献，多为他人做好事。"这是第一届全国文明家庭荣誉获得者曹凯家庭薪火相传的红色家风。

陕西省延安市安塞县离休干部曹凯，是一名老党员，在延安时期成长起来的他，深刻体会到延安精神是中国共产党人的精神支柱和思想灵魂。曹凯离休 20 多年来，自费搞红色调研行程 15000 公里，宣讲延安精神报告达 3000 余场，听众达 298 万人次，被誉为"读万卷书，行万里路，育百万人"的革命老人。随着年龄增大，为了将延安精神继续传播下去，他和儿子们经过五年的筹资和准备，将自家的五孔老窑洞翻修，建成了"曹凯延安精神教育基地"，将受教者请进来，让延安精神永放光芒，代代相传。

同时，延安精神也早已成为了曹凯家的传家宝，并深入落实到每

---

① 习近平：《在会见第一届全国文明家庭代表时的讲话》，北京：人民出版社 2016 年版，第 1 页。

个家人的思想和行动上。曹凯不仅自己每天坚持学习，还要求家里人都主动学习。每年春节和清明节期间，全家人齐聚一堂，曹凯就会召集家庭会议，组织家人们一起学习党的新理论、新政策和他日常学习中整理起来的一些内容。会后，他还会和每一个儿孙单独谈心。他经常教育孩子们："社会在发展、变化、进步，学习少了，思想就赶不上形势了，那就非落后不可。"经过多年来不间断的家庭集体学习和经常性的讨论交流，曹凯家每个人都养成了经常看书的好习惯。"学是为了更好奉献。"曹凯经常这样说。离休20余年来，他先后筹集资金19万余元，为安塞区镰刀湾乡高家塬村打井、拉电；定期给贫困学生捐钱捐物；调解民事纠纷40余起，上访案件14起，挽回经济损失40余万元……在曹凯的教育和感染下，曹家子女们在日常生活中也是爱国爱家，助人为乐。这个四世同堂的传统之家，在传家宝"红色家风"的照耀下，每个人都用实际行动致力于将延安精神和家国情怀传承到底。

余美芳："他对外姓老人都这么孝顺，对自己家人一定会更好"

"好家风，要传承下去。"这是第一届全国文明家庭荣誉获得者余美芳家庭家风建设的信念。这个"五姓"之家，一家6口人，5个姓，3个爷爷。奇特家庭组合的背后是余美芳家庭两代人46年坚持无偿赡养异姓孤老的传奇故事。

从1970年起，余美芳的公公曹景飞先后无偿赡养了5位无血缘关系的老人，而且让自己唯一的孩子随他赡养的第一位孤寡老人刘老汉改姓，取名刘伟。2005年，余美芳不顾父母反对，嫁给刘伟，小夫妻从父亲的手里接过了赡养老人的接力棒，年复一年、无微不至悉心照料着外姓老人。他们宁可自己苦点、累点，也绝不委屈老人。即使再忙，他们也会挤出时间给老人们准备可口的饭菜。休息日对于大多数人来说是放松享受的时间，而夫妇俩却是最忙碌的时候，给老人改善伙食、晒洗被褥、陪老人们谈心……在他们夫妇的照料下，老人们的衣食住用行总是被打理得井井有条。

多年来相亲相爱的和睦家风，让后辈深受熏陶，受益良多。在刘伟、余美芳夫妇俩的影响下，女儿也从父母身上学到了如何孝敬老人、善待长辈。孩子从很小的时候就时常会拿着自己的一点点压岁钱给3位爷爷买小点心。一放学，就跑到爷爷们床边，把平日里的新鲜事与老人们分享。

除了赡养孤老，作为老师的余美芳还把这份爱传递给自己的学生，她在学校成立了馨缘种子社，带着志愿者们走进敬老院陪伴孤老，走进生活在阴霾中的失独家庭，慰问车祸身亡后捐献器官的"快递哥"家属，在学校里举办爱心讲座、爱心义卖。她将相亲相爱从"家里"带到"家外"，将"小爱"延伸为"大爱"，把爱心播撒到整个社会。

张宝艳："文明家庭应引领社会风气，不能只追求自己的幸福"

"父母在想孩子，孩子也在想父母，但是却苦于没有一个沟通渠道，没有办法团圆。在我们的帮助下圆了他们的团圆梦，这样的话可能就觉得我们这件事情做得更有意义。"这是第一届全国文明家庭荣誉获得者张宝艳家庭几十年如一日的坚持。

2008年，张宝艳、秦艳友夫妇在民政部门注册了国内唯一的民间救助流浪乞讨与被拐儿童的民间组织——宝贝回家志愿者协会，注册志愿者人数超过22万人，成功让1400多个家庭团圆重聚。同时，联合公安、民政等部门，在全国各地多次开展以关爱儿童为主题的宣传活动，并开办了线索举报热线，将收集到的近千条线索转给公安部打拐办督办，配合警方抓获人贩子70余名，为社会和谐做出了突出贡献。

在张宝艳看来，"我做的这个宝贝回家网站之所以能帮助这么多

德品梦

人找到孩子，这与我的儿子跟丈夫的支持是分不开的。"原来，起初"宝贝回家"这个网站是张宝艳丈夫提议的，在网站做成之后，他仍默默地给爱人做幕后的技术支持。网站成立后，张宝艳便辞去工作，全身心地投入到寻子网站建设中。那时家里的花销都是依靠丈夫一个人的工资，张宝艳的儿子深知家里的情况，非常体贴，在校生活得特别节俭，惹得同学们一度猜测，以为其父母是下岗工人。正是丈夫和儿子的体贴与支持，才让她在"宝贝回家"这条路上越走越坚定。

张宝艳认为，"作为文明家庭首先自己的家庭成员要相亲相爱、不离不弃，并且要有责任感和担当，对社会也应该有一种风气的引领，不是说只扫自己门前雪"。致力于宝贝回家网站的建设，在助力更多寻子家庭大团圆的同时，她也希望能够推广这样一种家风建设理念：各个家庭不仅要建设好自己的家风，扫好自己的门前雪，也要顾及整个社会的大环境；在做好自己的同时，为整个和谐社会风貌的建设传递一种向上向善的正能量。

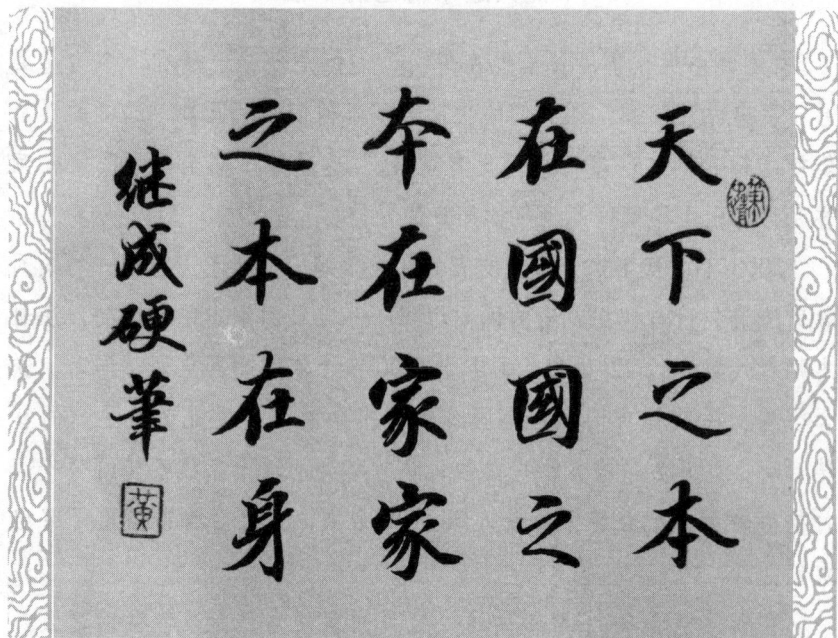

天下之本在国
国之本在家
家之本在身

继成硬笔

曹凯家庭红色家风薪火相传，只为延安精神世代传承，这是中国家训文化中最为浓烈的家国情怀，爱国爱家的优良家风铸就了五千多年来中国最坚挺的脊梁。余美芳家庭五姓之家两代传薪，只为孝道相承生生不息，这是中国传统家风家训中基本的慈孝情结，相亲相爱的优良家风既是中华民族的传统美德，也是新时代必不可少的治家之基。张宝艳家庭宝贝回家志愿服务，只为点亮家庭团聚之光，这是个人和家庭对社会、对国家高度的责任感和使命感，向上向善的优良家风为全社会营造崇德向善的好风气。

二、家风传承新内涵

家庭是以婚姻和血缘关系为纽带的社会组织形式，是社会的细胞。① 自文明社会以来，每一个家庭都形成了一定家风家训规范。北周时期庾信的《哀江南赋序》中记载："潘岳之文采，始述家风；陆机之词赋，先陈世德。"这是文献中最早出现的关于家风的记载，事实上，早在这以前家风就已经潜移默化地运用在实际家庭生活中。家风，是农耕文化的产物，它的雏形起源于原始社会的氏族大家庭。② 氏族共同体成员通过口耳相传、言传身教的方式以共同的价值理念和行为准则来规范共同体成员的行为，从而实现成员个体对集体的价值认同，提高整个集体的生产力和团结力。这里的共同价值理念和行为准则就是早期家风的雏形。随着时代的发展演变，家风的具体内容在不断地发生变化，但这种以家庭为单位的家风传承形式依然在延续和保留着，并且在个人道德品行的养成中发挥着举足轻重的作用。

对于家风的内涵，《辞海》中的解释是：家族世传的作风习惯或传统典范。一般来说，"家风"是一种由父母（或祖辈）所提倡并能身体

---

① 邓佐君：《家庭教育学》，福州：福建教育出版社 2013 年版，第 48 页。

② 陈璧：《家风家训雏形起源于原始社会氏族大家庭》，人民网，http://history.people. com.cn/n1/2016/0503/c372327–28321854.html。

力行和言传身教、用以约束和规范家庭成员的一种风尚和作风。[①] 家风具有塑造性，家庭的环境氛围和长辈的言行示范是孩子道德品行养成的关键因素。古有孟母三迁为营造良好的学习氛围，树勤学之家风。今有生于医学世家的钟南山院士，继承父亲对医学的热爱与赤诚、为人处世的严谨与实在。在 2003 年抗击非典和 2020 年抗击新冠肺炎疫情时，身先士卒、坚守一线。其次，家风具有多样性，不同经济水平、社会地位、文化传统、家族兴衰和成长环境下形成的家风是存在差异的。有的家庭重诚信，有的家庭重慈孝，有的家庭重清廉。正是这多样的家风构筑了中华传统家风文化的博大精深。再者，家风具有传承性，以血缘为纽带的家庭不断发展，家庭成员的繁衍生长使得家风文化经过祖祖辈辈可以不断地延续传承。古有司马家族、范氏家族家风纯良、代代相传，创造了中国家族传承的奇迹，近千年而不衰，人才辈出。最后，家风具有时代性，从古至今，不同历史时期的社会性质和社会意志造就了不同的时代主题，不同的时代主题为家风注入了不同的时代内涵。

党的十九大报告指出，经过长期努力，中国特色社会主义进入了新时代，这是我国发展新的历史方位。新时代的变化和发展为家风文化注入了新的时代内涵。习近平总书记在 2016 年 12 月会见全国第一届文明家庭代表时强调全社会要广泛参与家庭精神文明建设，要"推动形成爱国爱家、相亲相爱、向上向善、共建共享的社会主义家庭文明新风尚"[②]。可以说，"爱国爱家、相亲相爱、向上向善、共建共享"总体上概括了新时代家风的"新"内涵。如果新时代家风是一幅艺术画作，"爱国爱家"就是最鲜亮的底色，"向上向善"是最缤纷的主色，"相亲相爱"是最艺术的调色，"共建共享"是最巧妙的勾勒。

"爱国爱家"是新时代家风的核心认同。这是一个坚定信念，勇担使命的新时代。近代以来久经磨难的中华民族迎来了从站起来、富起来

---

① 罗国杰：《论家风》，中国社会科学网，http://www.cssn.cn/ts/ts_dxmd/201402/ t20140227_1005198.shtml?COLLCC=3924353229&。

② 《习近平谈治国理政》第二卷，北京：外文出版社 2017 年版，第 356 页。

到强起来的伟大飞跃，迎来了实现中华民族伟大复兴的光明前景。以往的"爱国"常常被等同于是"只解沙场为国死，何须马革裹尸还"的为国捐躯，新时代的"爱国爱家"除了在国家危难时候的挺身而出，更多的是普通人民群众坚定理想信念，勇于承担使命，以自己的绵薄之力在实现中华民族伟大复兴中国梦的道路上接力奋斗。2019年春节团拜会上，习近平总书记发表重要讲话时强调，我们要在全社会大力弘扬家国情怀，培育和践行社会主义核心价值观，弘扬爱国主义、集体主义、社会主义精神，提倡爱家爱国相统一，让每个人、每个家庭都为中华民族大家庭作出贡献。① 爱国与爱家本质上是统一的，早在先秦时期儒家便系统地阐述了"家国一体"的思想。阐释新时代家风"爱国爱家"的内涵，重在处理好个体与共同体的关系问题。爱国爱家的家国情怀不仅是在个人道德修养的塑造中突出了个体的归属，并且在整个社会规范的场域中强调个体与共同体的同质性，强化个体对共同体的核心认同，发挥共同体发展进程中个体不可或缺的重要作用。

"相亲相爱"是新时代家风的情感诉求。这是一个文化自信、守正创新的新时代。文化是一个国家、一个民族的灵魂。改革开放以来，伴随着我国经济的快速发展，综合国力和国际地位不断提升，中国人民的文化自信逐步增强。文化自信离不开博大精深的中华优秀传统文化，鲜明独特、奋发向上的革命文化和承前启后、继往开来的社会主义先进文化。新时代家风文化的释义亦是如此，"相亲相爱"的家庭关系是在传统家庭伦理关系的基础上，结合新时代家庭结构、家庭关系发展的特点，构筑起新时代家庭代际伦理关系。阐释新时代家风"相亲相爱"的内涵，重在处理好家庭内部的代际伦理关系问题。中国式家庭的代际伦理关系一直强调父母与子女伦理关系的双向性，父母有抚养和教育子女的义务，同时子女也有孝敬和赡养老人的义务。新时代家庭代际伦理关

---

① 《在新时代大力弘扬家国情怀》，央广网，https://baijiahao.baidu.com/s?id=162533940 2368751022&wfr=spider&for=pc。

系以"相亲相爱"为情感诉求，在履行基本义务的前提下，对家庭成员提出了更高的要求。对于父母来说，应尊重子女的人格和成长成才的需要，摒弃传统社会父权至上的封建思想，构建民主、平等的家庭关系，同时提升家庭责任感，增加对孩子的有效陪伴，对孩子的成长负责，实现对孩子物质与精神的双重富养；对于子女来说，应担负起赡养老人的责任，摒弃不孝、愚孝等不良观念，重视长辈在物质与精神上的需求，特别是精神上的需要，实现孝心和孝行的有效统一。

"向上向善"是新时代家风的价值导向。这是一个凝心聚力，美好生活的新时代。人民日益增长的美好生活需要和不平衡不充分的发展之间的矛盾成为当前社会的主要矛盾。可以说，人们对美好和善的追求作为主要矛盾的重要一方，成为社会发展的推动力量。自古以来，善是一切美好事物的凝结，人们总是在追求善的过程中推动着社会历史的发展。追求真善美是新时代家风的永恒价值。通过新时代家风传递真善美的价值理想，引导人们增强道德判断力和道德荣誉感，涵养道德

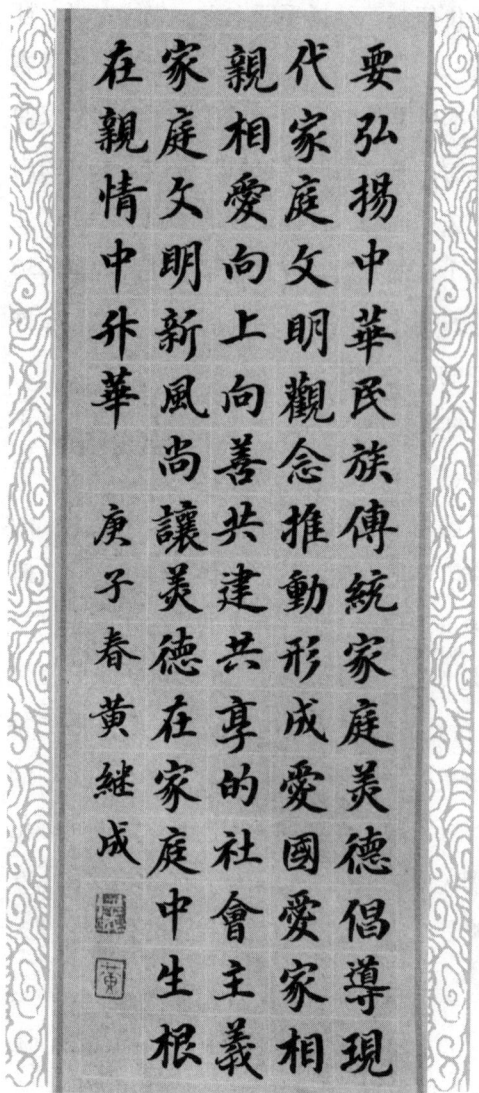

要弘扬中华民族传统家庭美德倡导现代家庭文明观念推动形成爱国爱家相亲相爱向上向善共建共享的社会主义家庭文明新风尚 让美德在家庭中生根

在亲情中升华 庚子春 黄继成

品行是新时代家风"向上向善"的价值导向。阐释新时代家风"向上向善"的内涵，重在处理好家庭美德的扬弃和弘扬问题。新时代家风"向上向善"的价值导向，既是对传统家庭美德中不同内容的传承与摒弃，又是对社会主义核心价值观的弘扬和践行。一方面，立志、勤学、自律、诚信、勤俭、慈孝、睦邻等家庭美德时至今日仍大有裨益，应大力弘扬；同时，传统家庭观念中牺牲个人利益以保全家庭利益的"宁拆十座庙，不毁一桩婚""不孝有三，无后为大"等观念已不再符合当前社会和个人发展的需要，应予以摒弃。另一方面，家庭是向上向善价值观传播的重要渠道，习近平总书记多次将家庭建设和社会主义核心价值观联系在一起，新时代建设良好家风和弘扬家庭美德应当以社会主义核心价值观为引领，推动社会主义核心价值观首先在家庭单位内落地生根。

"共建共享"是新时代家风的实践路径。这是一个"守望相助，开放共享"的新时代，共建共享是构建社会主义和谐社会的基本原则和基本特征。习近平总书记强调："共享发展成果，共享现代文明""共同享有人生出彩的机会，共同享有梦想成真的机会"①。新时代的家风建设一方面是共建，整个社会的发展和进步离不开每个家庭的不断发展和完善，家风文化的建设与爱国、爱岗、敬业、奉献等新时代精神密不可分，与个人品德、职业道德和社会公德的建设也息息相关；另一方面是共享，每个家庭各有所成、各得其乐，让全体中国人民和中华儿女在实现中华民族伟大复兴的历史进程中共享幸福和荣光。阐释新时代家风"共建共享"的内涵，重在处理好家庭私人领域与社会公共领域之间的关系问题。社会公共领域内的共享包括共享利益、共享价值、共享话语等多种共享主题。在以独立的人格和充分的自由为前提的私人领域内，共享的重要体现便是在家庭成员之间。新时代家风的"共建共享"并不是要求在社会公共领域中无差别的均分，也不是要模糊社会公共领域和家庭私人领域之间的界限；而是让人民群众形成一种共建共享的思维方

---

① 习近平：《在中法建交 50 周年纪念大会上的讲话》，《人民日报》2014 年 3 月 27 日。

式，推动家庭私人领域和社会公共领域在价值理念、道德观念、意识形态等多个方面的联通与转化，在全社会弘扬与落实新时代家风文化建设，彰显不同家庭独特的个性和风采。

三、家风传承新问题

家是最小国，国是千万家。家风的"家"，是家庭的"家"，也是国家的"家"。家风在传承中华民族传统美德、涵育个人道德品行和弘扬社会正能量等方面一如既往发挥着重要作用。时代在变迁，社会在发展，党的十八大以来，优良家风建设的问题在不同的场合被提及和强调，得到了全社会的重新关注。然而，新时代的社会特点、多元价值观的冲击、家庭结构的变化等各种因素仍不可避免地让新时代的家风建设面临着一些新的问题和挑战。

一是陌生人社会对家庭观念的消解。自古以来，中国以农业经济发展为主，人口流动性不大，人们在各自生活的区域中形成一个"熟人社会"，通过伦理道德来实现自律和他律，维护社会秩序。随着社会生产力和城市化的发展，大量的人口流动和劳动力迁徙推动着熟人社会向复杂陌生人社会转变。陌生人社会中，社会成员的强流动性导致道德规范作用被削弱，同时也削弱了人与人之间的情感维系。一方面，为了寻求更好的发展机会和物质生活，许多年轻人离开家乡到其他城市学习和工作，导致家庭成员分隔多地，留守儿童、空巢老人的现象成为一个普遍的社会问题。家庭成员的地域分散性不利于家庭内部开展必要的交流，人们的家庭观念随之弱化，使得新时代的家风建设逐渐演变成为一个地域性的难题。另一方面，在陌生人社会里，人与人之间交往的数量在增加，但人与人的熟识度却在降低，自私与冷漠的人际关系不断在社会中蔓延，这种观念使得人们致力于为自己的生计而奔波，家庭内部和邻里之间都缺少信任感和安全感，家庭教育主体意识淡化，不少家人和邻里变成了"最熟悉的陌生人"，严重影响了新

文明家庭创建要聚焦
涵育家庭美德
弘扬优良家风

继成书

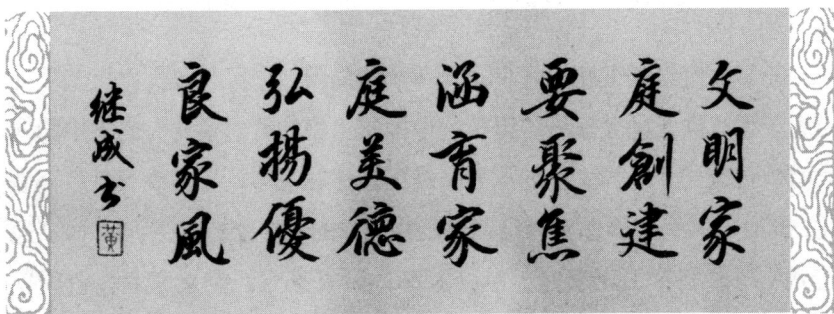

时代家风的培育与传承。

二是多元价值观对家风建设的冲击。改革开放的深入发展推动了中国融入世界的进程，经济全球化带来文化的多元化，文化价值观的多元发展对中国传统的文化价值观产生了全面的冲击。一方面，市场经济的快速发展在促进我国生产力快速提高，人民生活水平和物质财富极大提升的同时，也不可避免地产生了拜金主义、享乐主义、消费主义的价值观。在不同价值观的影响下，一些人养成了过度消费和拜金享乐的不良习惯，一些人经不住利益的诱惑不惜制假售假以降低成本，一些人迷失在贪欲面前收受不义之财。金钱面前伦理道德被弱化，"勤俭节约""诚实守信""清正廉洁"的传统家风被人们视而不见，取而代之的是自私自利和拜金享乐。另一方面，家庭教育深受功利主义价值观的影响。随着高考制度的确立和不断改革，绝大部分家庭将核心关注点放在应试教育上而非良好家风培育。中国教育科学研究院针对中小学生家庭教育现状的一项研究分析显示，中学生的父母最关注子女的三项是日常学习、健康安全和习惯养成。① 这种望子成龙式的家庭教育模式使得家风建设过于功利化，家长和孩子们在学习成绩的支配下容易心理压力过大，从而影响家庭亲子关系的维系和家庭幸福感的提升。同时，良好家风培育的忽视，也容易对孩子的人格性格养成和道德品行培养等产生不利的

① 孙云晓：《中国家庭教育蓝皮书（2016）》，北京：教育科学出版社2017年版，第190页。

德品家

影响。

三是家庭结构变化对优良家风传承的局限。中国传统文化极其重视家庭，世代同堂的大家族曾是传统中国式家庭的普遍模式。当下中国式家庭，传统"子孙满堂"的扩大家庭模式正在解体，家庭规模日趋小型化；同时，家庭形式逐步稳定，以结构简单的核心家庭为主；此外，"还有 AA 制家庭、丁克家庭、单身家庭、周末家庭、空巢家庭、合同家庭、群居家庭、虚拟家庭甚至人与动物组成的家庭，它们都具有自身的'合法性'。"① 这些后现代家庭模式的产生使中国式家庭呈现出规模越来越小、类型多样化的特点。优良家风传承是一个持续性的过程，需要一代代人的积累和践行。现代家庭结构的小型化和核心化，一方面，使得代际之间的相互联系日渐减少，家风作为家庭成员相处行为准则的作用也在日渐减弱，家庭成员对于传承家风的意识正在一点点淡薄。另一方面，多样化的家庭环境氛围中，长辈在家庭中的核心地位受到挑战，现代家庭关系更多地以孩子或者夫妻关系为核心。日常联系的减少、家风传承意识的淡薄、长辈地位和威望的下降导致很多家庭家风传承对象的严重缺失，这对新时代家风建设产生了空前的影响。

四是因循守旧对家风建设的桎梏。"天下之本在家"，中华民族历来重视家庭。中国古代封建社会以宗法制为基础，以传统道德伦理纲常为统治手段，家风建设在古代家庭中普遍且重要。因此，代代相传的传统家风文化一直以来都是中华民族传统文化的重要组成部分。现代社会，社会自由平等民主，经济飞速发展，人民生活水平极大提高，新时代培育家风的社会环境已经发生了翻天覆地的变化。然而，传统的家风文化在一定程度上禁锢着人们的思想，家风建设与当前人们涵养道德品行的现实需要不相适应。一方面是传统家风文化在内容上缺乏时代整合。中华传统家风文化经过几千年的积淀，以家训、家规、家谱、祠堂等为载

---

① 高乐田：《传统、现代、后现代：当代中国家庭伦理的三重视野》，《哲学研究》2005 年第 9 期。

体形成了一整套完整的家风文化体系。但对于小规模的现代家庭来说，如何承袭传统的家风文化，建立起一套优良的家风文化体系，缺乏新时代家风建设的理论引导和实践指导。另一方面，传统家风家训文化注重宗法等级和伦理纲常，即长辈对晚辈、父辈对子辈具有绝对的权威，这与现代社会中彰显人的自主性相矛盾。因此，家风建设过程中容易产生一个家庭伦理方面的难点问题就是家庭中人与人相处的边界问题，比如很多父母希望孩子能够按照他们的想法来进行人生规划。家庭成员之间容易模糊边界，以自己的方式来要求其他家庭成员，从而忽视了现代社会个体对独立自主的渴望和需要。

四、家风传承新实践

家庭是社会的基本细胞，是公民道德养成的起点。要弘扬中华民族传统家庭美德，实现新时代家风建设新实践，推动形成爱国爱家、相亲相爱、向上向善、共建共享的社会主义家庭文明新风尚，重在优化内容、创新载体、营造氛围，让美德在家庭中生根、在亲情中升华。

首先，守正创新，推进传统家风文化的传承与发展。"守正"即推动传统家风文化的现代转换。我国传统的家风文化是一个国家、一个民族世世代代的精神积淀。因时代的发展变化，传统文化内容良莠不齐，新时代家风建设应摒弃传统家风文化中"三纲五常""尊卑有别""封建贞操"等古代封建社会的文化糟粕。自觉传承中华孝道，感念父母养育之恩、感念长辈关爱之情，养成孝敬父母、尊敬长辈的良好品质；倡导忠诚、勤俭、诚实、读书、睦邻等传统家风理念，引导家庭成员相互影响、共同提高，在为家庭谋幸福、为他人送温暖、为社会作贡献过程中提高精神境界、培育文明风尚。另一方面，"创新"即赋予家风文化以时代精神。坚持以社会主义核心价值观为引领，以承前启后、继往开来的社会主义先进文化为指导，将中国特色社会主义的共同理想、以爱国主义为核心的民族精神和以改革创新为核心的时代精神，以及社会主义

清正廉明

黄继成书

荣辱观融入家风建设。同时，弘扬红色家风文化，红色家风文化以鲜明独特、奋发向上的革命文化为核心。习近平总书记正是从小受到革命家庭的熏陶，才塑造了他勤政亲民、清廉务实、家国天下的治国理政理念。可见，红色家风文化对于个人理想信念的树立、道德品质的培养都起着重要的作用。

其次，激发活力，构建全媒体传播的家风建设体系。现代信息技术的发展让媒体的触角已经延伸到了人类社会的各个角落，开拓现代信息技术在家风建设中的作用尤为重要。具体来说，第一，发挥融媒体时代多元新闻媒体的宣传号召力。融媒体作为一种资源通融、内容兼融、宣传互融的新型媒体，能够将新时代家风文化的视频、音频、文字和图片在报纸、广播、电视、网络等不同媒介进行传播，实现宣传资源的整合互补，最大限度地扩大新时代家风文化的宣传力和影响力。第二，开拓网络空间家风建设的多样性。网络作为现代社会教育的重要载体和阵地，可以为家风建设开辟新的渠道和空间。比如2019年6月，全国政协围绕"注重家庭家教家风建设"召开网络议政远程协商会；近年来，多地进行"好家风"的网络评选活动等。积极利用网络平台在新时代家风建设的优势和力量，必然能探索出更有生机和活力的家风建设方式。第三，树立优良家风建设典型家庭的榜样性。全媒体的传播和网络平台的开拓离不开优良的家风文化内容。优良家风建设的榜样典型能够为人们提供日常行为的示范，引导人们树立"看齐意识"。在树立榜样典型的过程中，应落实好宣传动员、群众推荐、组织审核、榜样宣传等各个环节，争取推选出群众身边的、看得见的、信得过的、学得到的先进榜样家庭。

最后，三全布局，营造"全员全方位全社会"家风建设环境。从家风建设的主体、机制和社会治理三个方面构建起家风建设的全面布局，引导广大家庭在日常生活的细节中就可以耳濡目染、以身作则，从而提高道德品质，培育优良家风。具体来说，第一，树立主体意识，提升家庭成员道德修养。家长作为家庭教育的组织者，家风建设的引领者和实施者，先要在观念上重视家风建设，遵循"爱教结合、严慈相济、言传身教"的家教原则，以自身高质量的道德品质来引导和教育子女。同时，在快节奏的现代社会中，加强家庭成员之间的有效沟通，营造优秀家风育人的和谐家庭氛围，让家庭成为涵养道德品行的出发点。第二，构建联动机制，加大"国家—地区"引导力度。从国家层面来说，深化新时代优良家风建设的理论研究，构建家风建设的制度保障体制，建立健全与优秀家风传承相适应的法律法规等，都离不开政府的大力支持。从地方层面来说，应加强基层群众自治组织自我管理、自我服务的功能，通过城市居民委员会和农村村民委员会，在社区和农村做好具有特色的家风宣传工作，组织家风建设的文化活动，树立家风建设典型，将新时代家风建设落实到千家万户。第三，融合社会治理，全社会渲染优良家风建设氛围。近年来，浙江省浦江县传承"江南第一家"的孝义文化，创设"好家风指数"考评体系，实现基层治理"自治、德治、法治"的有机融合，营造"事事一起干、好坏大家判、奖惩有决断"的乡村治理新格局，为孝义传家900年的"江南第一家"好家风赋予了新内涵，实现了乡村稳定、乡村振兴。家庭是社会的细胞，千千万万的小家庭构成了社会共同体。实现家风建设与社会治理的有机融合，既能够提升社会成员的道德品行，也能够创新社会治理新途径，大力弘扬社会正能量。

[第二讲]

以传统美德陶冶道德情操

"求木之长者，必固其根本；欲流之远者，必浚其泉源。"中华优秀传统文化是中华民族的精神命脉，是涵养社会主义核心价值观的重要源泉，也是我们在世界文化激荡中站稳脚跟的坚实根基。

涵养好品德

《新时代公民道德建设实施纲要》将中华传统美德视为构建公民道德的文化源泉。《纲要》中指出："中华传统美德是中华文化精髓，是道德建设的不竭源泉。"① 中华民族是一个重视伦理道德的民族。在五千多年的历史进程中，中华民族不断追求道德境界的提升，孕育了宝贵的精神品格和崇高的价值追求。传统美德是中华民族在文明长河中绵延不绝、不断发展的精神力量。《纲要》中指出，要"深入阐发中华优秀传统文化蕴含的讲仁爱、重民本、守诚信、崇正义、尚和合、求大同等思想理念，深入挖掘自强不息、敬业乐群、扶正扬善、扶危济困、见义勇为、孝老爱亲等传统美德。"② 党的十八大以来，中国特色社会主义进入新时代，人民对道德生活也有了新期待，这要求我们要自觉传承中华优秀传统美德，并在继承传统中创新发展。在新时代，中华传统美德仍彰显着重要的时代价值和永恒的文化魅力，同时也必须"适应新时代改革开放和社会主义市场经济发展要求，积极推动创造性转化、创新性发展，不断增强道德建设的时代性实效性"③，实现传统美德与现代文化、现实生活的相融相通。

一、传统美德新故事

"求木之长者，必固其根本；欲流之远者，必浚其泉源。"中华优秀

---

① 《新时代公民道德建设实施纲要》，北京：人民出版社 2019 年版，第 8 页。
② 《新时代公民道德建设实施纲要》，北京：人民出版社 2019 年版，第 8 页。
③ 《新时代公民道德建设实施纲要》，北京：人民出版社 2019 年版，第 5 页。

传统文化是中华民族的精神命脉，是涵养社会主义核心价值观的重要源泉，也是我们在世界文化激荡中站稳脚跟的坚实根基。时代在不断发展，传统美德却未褪色，一个又一个平凡而伟大的中国人用行动践行和传承中华传统美德。

俞永慧：“你照顾我小，我照顾你老”

俞永慧出生在一个大杂院，从出生起就与王凤琴老人同住在一个院子里。“我还记得在我小时候，父母都忙，家里就委托姑姑帮忙照看我，就这样一直照顾我到上学懂事，我和姑姑的感情也是从那时候开始，变得越来越亲密。”俞永慧口中的“姑姑”就是王凤琴。年轻时的王凤琴，每当有空时就去帮忙照看儿时的俞永慧，随着儿时的情感慢慢累积，在俞永慧的心里早就把她当成了一家人。

1999 年，他们居住的老房子要进行平房改造拆迁，俞永慧与王凤琴老人面临着分离。王凤琴老人的拆迁款加上存款，依旧很难购买到适合的房子，“老人岁数越来越大，身边没有一个可以依靠的亲人，日子该怎么过呀！”经过再三考量，俞永慧夫妻二人做了一个大胆的决定，带着老人一起搬新家，过日子。

这个大胆的决定也让王凤琴老人感到十分意外，老人觉得自己与俞永慧三口生活就是拖累了他们，自己年事已高，并且什么也没有，如果今后有什么大病，对于俞永慧一家就是“灾难”，而且俞永慧的孩子还小，今后用钱的地方多的是，这样对他们一家人来说十分不公平。了解到老人的想法后，俞永慧耐心地跟王凤琴沟通。一句“你照顾我小，我照顾你老”，让王凤琴潸然泪下。后来他们一起搬到了新家，用超越血缘的亲情，组成了一个崭新的四口之家。

随着时间的流逝，俞永慧的儿子彭涛也到了成家的年龄，为了改善住房拥挤的状况，同时也考虑到王凤琴老人行动不便，俞永慧的儿子儿媳也用孝心回报父母，贷款买了一套一楼的房子，方便长辈们居住。

2019年，王凤琴老人已年满92岁高龄，身体条件越来越差，并且患有脑栓塞，身体行动不便，生活无法自理。为了老人身体的健康，俞永慧每天为她翻身活动手脚，帮老人按摩，每天变换着做老人喜欢吃的食物。

与王凤琴老人共同生活的这二十多年里，俞永慧也常常遇到别人的猜测与质疑，身边的人也总是会问她，与老人非亲非故，老人也没有什么遗产，这么做到底是为了什么。面对这些疑问，朴实的俞永慧总是低头笑笑说："也许，这就是人跟人之间的缘分吧！"

现在俞永慧和爱人两人别无所求，只是希望老人健康长寿。俞永慧的故事并不轰轰烈烈，却如春风化雨般滋润人心。"老吾老以及人之老，幼吾幼以及人之幼"，俞永慧一家人用实际行动生动诠释了中华民族孝亲尊老的传统美德。

任凤祥："救人是老祖宗留下的规矩"

做一件好事并不难，难的是一辈子做好事，任凤祥正是默默无闻做了一辈子好事的人。从年轻时开始，任凤祥就在黄河上当船夫，30多年来，他从恶浪翻滚的黄河里救起了80名落水者，救助500多名身陷险境的群众，被当地人誉为"黄河上最美船工"。

任凤祥18岁那年，第一次在黄河中救起了山西临县克虎镇的一位村民，从此开始了他一系列英雄壮举。救人最多的一次是1986年4月11日，山西省临县一艘客船在驶往佳县白云山途中触礁沉没，船上171名乘客全部落水。当时任凤祥和船组的6名船工正在岸上修船，发现上游有船出事，任凤祥和其他船工赶紧跳上了一条木船掌舵，并大声申明两条规矩："只许救人，不许捞东西"，"先救活人，后捞死人"。在这次事故中，任凤祥的舅舅也落水了，并向他呼救，但他还是把船开往了落水者更密集的水域，救起了31名落水者（其中29人生还）。在任凤祥的记忆里，最危险的一次是救安塞的一位小伙子。那次他背着高粱袋子游泳去河对岸，中途突然听到有人喊"救命"，任凤祥毫不犹豫地游过去，用力托起小伙子朝岸边游去，由于水急浪大，他托举着小伙子漂游了十几里才得以靠岸。

2012年9月20日，任凤祥又从黄河上救起了3名落水者，获救者对任凤祥说："要多少钱，开个价吧。"任凤祥笑呵呵地说："我救人从来不收钱。"尽管摆渡是任凤祥谋生的主要途径之一，但30多年来，任凤祥从来没有收过落水者及其家属的一分钱，这是任凤祥给自己，也是给船组所有成员早就定下了的规矩。佳临黄河大桥建起后，任凤祥的摆渡生意一落千丈，但任凤祥仍坚守多年来心中的信念："救人不图报酬，接送病人免费。"

任凤祥的高贵品德，也深深地影响着周围的人。当一位村民从黄河中打捞起一具女尸，向任凤祥汇报如何处理，任凤祥说："咱救了活人也不要钱，捞上来尸体更不能要钱。"并劝勉小伙子："救人是老祖宗留下的规矩，是积德的好事，以后遇到类似的情况，还要尽力去救助。"当死者家属表示酬谢时，被这位村民谢绝了。曾经被任凤祥救起的山西村民李新平，当了乡村医生后也秉承了任凤祥的精神，为乡亲们看病，不论路有多远，只收药费不收出诊费，一直坚持到现在。为了把救人这一传统传下来，也为了感召更多的人，2013年7月，任凤祥又组建了"任凤祥志愿服务队"，继续传播正能量，弘扬真善美。

柴生芳："以天下为己任，是一条无比艰苦却无比光辉的道路"

跑遍了临洮县323个行政村，行车4万多公里；写下30本工作日记，共计170余万字……这一串数字是柴生芳工作几年间实实在在的印记，也是他付出心血的生动证明。

柴生芳一生的轨迹是：十年寒窗，不负众望，从甘肃的山洼里考到北京大学；四年学成，报效桑梓，从北京大学毕业后选择回到甘肃工作；七年磨炼，再次深造，从甘肃到日本神户大学深造，学有所成，谢绝高薪，怀揣报效祖国的赤子之心，重新回到家乡。2014年8月15日凌晨，柴生芳倒在了自己的办公室里，他的生命定格在45岁。

有人问，"肚子里有那么多'墨水'，为什么非得跑到基层去吃苦？"柴生芳在他的工作日记里这样回答："以天下为己任，是一条无比艰苦却无比光辉的道路。"柴生芳曾先后在陇西、安定、临洮任职。不管职务如何变，不变的是他那"以天下为己任"的理想和追求。柴生芳来到定西，摆在他面前的是恶劣的自然条件、落后的基础设施，既缺资源也缺资金。困难没有让柴生芳退缩，他一干就是8个年头。在安定区，他推进了安定工业园、定西现代物流园、定西马铃薯循环经济产业园建设，促成了中国（定西）西部汽车城项目的签约落地；在陇西县，他参与筹建了陇西中医药文化产业园和李氏文化产业综合开发项目；在临洮县，他带领干部赴乡镇深度调研，形成了一份数据翔实的、长达140页的调研报告，为制定精准扶贫的战略规划打下了坚实基础。

"升官发财，请走他路，贪生怕死，莫入此门。"这是一句写在他日记中的话语。柴生芳经常下乡，却从来没有在农户家吃过饭。柴生芳离开的时候，留给家里的只有工资卡上存着的几万块钱工资。当临洮县长的第一天，柴生芳就立下规矩：开门办公，马上就办。只要在单位工作，他的门就敞开着。群众出出进进、来了又走，送礼攀关系的人望而却步。有时来人想要关上房门，就被柴生芳拦住"有啥说啥，没有秘密"。翻看柴生芳的工作日记，几乎每一本的扉页都写着"此木生芳流千古"。工作日记不仅是柴生芳贴近群众的"民意书""作战图"，更是他一遍遍书写的内心独白。

事业未竟，柴生芳是带着遗憾离开的。他用短暂的一生践行了全心全意为人民服务的宗旨，以最朴素的方式诠释了为国为民的中华传统美德。

俞永慧一家用无私奉献的付出供养着与自身并无血缘关系的老人，

以实际行动诠释了"老吾老以及人之老"的孝老爱亲美德，用家庭的温馨满足了孤单老人对美好生活的渴望。任凤祥30多年坚守"舍己救人，不图回报"的为人准则，用一身正气和对生命的尊重与敬畏，挺起了新时代"见义勇为"的公民责任担当。柴生芳把"以天下为己任"作为毕生追求，将"爱国家"和"爱人民"统一在民族复兴的伟大实践中，用生命践行了"为人民服务"的宗旨。新时代，无数平凡而又伟大的中国人在日常工作生活中用实际行动弘扬社会主义核心价值观，用不懈奋斗诠释中国精神、中国力量，展示了中华民族传统美德的永不褪色的光芒。在开放多元的今天，异域文化和生活方式的持续性输入对当代中国人的影响不断加深，陌生人社会逐渐成为新的社会面相，我们愈发迫切需要寻回丢失的传统美德，构筑起新时代中国人的精神家园。

二、传统美德新内涵

中华文明源远流长，中华优秀传统文化是中华民族的根和魂，是中华民族生存发展的血脉与精神纽带。中华传统美德生生不息，历久弥新，在新时代依然闪烁着耀眼的道德光芒。在新时代以传统美德涵养公民道德建设，必须明辨中华传统美德的内涵和新时代赋予传统美德的新使命、新内容。

从词源意义上来考察，"传统"一词表示人们在生活中所面对的，由前人所创造、形成并长期存在的社会政治制度、经济制度、价值观念、道德思想和生活方式。在中国古代汉语中，"传"表示"传递""传授""传播"的意思，其中最重要的含义即是由前人传示后人，如《论语·子张》中讲："君子之道，孰先传焉?""统"在中国古代汉语则表示事物之间一脉相承、连续发展的意思。《孟子·梁惠王下》中说："君子创业垂统，为可继也"，即有德的君子创立功业、传之子孙，正是为着代代地承继下去。一般来说，传统既包含着旧的、过时的、与新的时代精神相违背的糟粕，同时也包含着优良的、人民的、与新时代精神相一致、能够在新时代发挥作用的精华。"美德"则代表着传统文化中具有积极影响的基本道德理念，如天下兴亡、匹夫有责的担当意识，精忠报国、振兴中华的爱国情怀，崇德向善、见贤思齐的社会风尚，孝悌忠信、礼义廉耻的荣辱观念，德主刑辅、以德化人的德治主张，民贵君轻、政在养民的民本思想，等贵贱均贫富、损有余补不足的平等观念，法不阿贵、绳不挠曲的正义追求，周虽旧邦、其命维新的改革精神，以和为贵、好战必亡的和平理念，等等。这些优秀的中华传统美德，千百年来潜移默化地影响着中国人的生活和行为。

总的来看，中华传统美德主要表现在五个方面：一是注重整体利益、国家利益和民族利益，强调对国家、民族、社会的责任意识和奉献精神；二是推崇仁爱原则，强调厚德载物和人际和谐；三是提倡人伦价

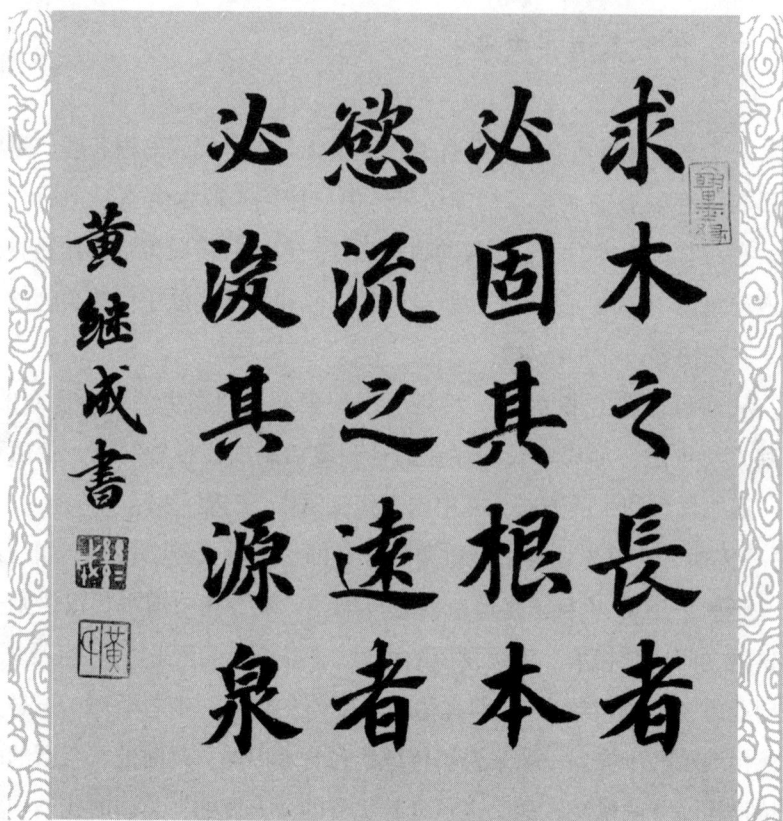

求木之长者　必固其根本　欲流之远者　必浚其源泉

黄继成书

值，强调每个人在人伦关系中的权利和义务；四是追求精神境界，向往理想人格；五是重视修养践履，强调道德的主体能动作用。① 这五个方面又可以统一在三个规范层面，即以"爱国"为核心的"人与国家和集体"规范，以"仁爱"为核心的"人与他人"规范，以"修己"为核心的"人的自身品格"规范。

党的十九大报告指出，中国特色社会主义进入新时代，这是我国发展新的历史方位。传统美德也随着时代的发展被赋予了全新的时代使命与时代内容。

传统美德的时代使命之"新"。道德是社会关系的基石，是人际和谐的基础，要始终把弘扬中华民族传统美德、加强社会主义思想道德建设作为极为重要的战略任务来抓，为实现中华民族伟大复兴的中国梦提供强大精神力量和有力道德支撑。"周虽旧邦，其命维新。"事实上，一部中华民族的历史，正是中华民族凝聚力量，努力奋斗，攻坚克难，追寻国家富强、民族振兴、人民幸福的"中国梦"的历史。为实现中华民族伟大复兴提供精神力量和道德支撑，正是时代赋予中华传统美德的新使命。一方面，进入新时代，我国社会主要矛盾已经转化为人民日益增长的美好生活需要和不平衡不充分的发展之间的矛盾，必然会影响到人们的价值排序与判断，呼唤与之相对应的伦理道德的出现，要求中华传统美德从意志、情感、心理等多个层面为人民群众追求美好生活注入鲜活的精神力量。另一方面，中华传统美德是中华民族发展壮大最基本的文化基因，对应着中华民族长期形成的文化心理结构，具有易于为广大人民群众所接受的天然优势，是实现民族复兴、国家富强、人民幸福、社会和谐不可缺失的强大精神动力。为此，习近平总书记指出，必须继承和弘扬中华传统美德，要"坚持马克思主义道德观、坚持社会主义道德观，在去粗取精、去伪存真的基础上，坚持古为今用、推陈出新，努

---

① 罗国杰：《继承和发扬中华民族优良道德传统，创造出人类先进的精神文明》，《道德与文明》1993 年第 4 期。

力实现中华传统美德的创造性转化、创新性发展，"[1] 为新时代公民道德培育提供不竭的精神源泉，为实现中华民族伟大复兴的中国梦提供强大精神力量。

传统美德的时代内容之"新"。要实现传统美德的创造性转化和创新性发展，必须对中华优秀传统美德的内容加以补充和拓展，增强其影响力和感召力。习近平总书记指出："中国人民的理想和奋斗，中国人民的价值观和精神世界，是始终深深植根于中国优秀传统文化沃土之中的，同时又是随着历史和时代前进而不断与日俱新、与时俱进的。"[2] 在新时代，诸如自强不息、孝老爱亲等中华传统美德，都随着时代的发展被注入了新的内容。

新时代，"自强不息"是实现个人梦和中国梦的结合。"天行健，君子以自强不息"，千百年来，正是生生不息的自强精神为中华民族自立于世界民族之林注入永续精神动力。习近平总书记说："我们的国家，我们的民族，从积贫积弱一步一步走到今天的发展繁荣，靠的就是一代又一代人的顽强拼搏，靠的就是中华民族自强不息的奋斗精神。"[3] 进入新时代，我们比历史上任何时期都更接近实现中华民族伟大复兴的目标，要弘扬锲而不舍、驰而不息的奋斗精神，实现个人理想与民族复兴中国梦的有机统一。一方面，个人梦想的实现离不开民族复兴的中国梦。每个人的前途命运都与国家和民族的前途命运紧密相连，唯有国泰才能民安，唯有国富才能民强，唯有民族振兴才有人民福祉。另一方面，中国梦的实现离不开每一个中国人的不懈奋斗。中国梦归根到底是人民的梦，必须紧紧依靠人民来实现，坚持发扬自强不息的民族精神，挥洒汗水，付出努力，把人生理想、家庭幸福融入国家富强、民族复兴的伟业之中，把个人梦与中国梦紧密联系在一起，把实现党和国家确立

---

① 《习近平谈治国理政》，北京：外文出版社 2014 年版，第 160 页。

② 习近平：《在纪念孔子诞辰 2565 周年国际学术研讨会暨国际儒学联合会第五届会员大会开幕会上的讲话》，《人民日报》2014 年 9 月 24 日。

③ 习近平：《在同各界优秀青年代表座谈时的讲话》，《人民日报》2013 年 5 月 4 日。

的发展目标变成自己的自觉行动，是"自强不息"传统美德永不褪色的时代价值意蕴。

新时代，"孝老爱亲"是物质供养和精神供养的统一。中华传统美德中认为"百善孝为先"，"孝"在传统道德中是一种基于血缘、源自内心的重要价值理念，是古代中华民族最普遍认同的道德规范。在过去，由于生产力发展不充分，物质资料不够丰富，中国社会中家庭养老所重视的主要是物质供养问题。进入新时代，我国社会主要矛盾已经转化为人民日益增长的美好生活需要和不平衡不充分的发展之间的矛盾，无论从社会的发展趋势，还是老人的生活需求来看，"孝老爱亲"都更注重其精神化的发展趋势。《论语·为政》中说："今之孝者，是谓能养。至于犬马，皆能有养；不敬，何以别乎？"和谐、安宁的家庭生活是美好生活的重要组成部分，俞永慧一家虽然与王凤琴老人没有血缘联系，但仍然能通过生活中与老人的互爱互助，建立起如亲情一般温暖的家庭关系，满足老人对美好生活的需要。因此，在新时代，弘扬"孝老爱亲"传统美德，关键是真诚地关心、关怀父母、老人的所思所想、所虑所求，以最大限度地满足父母和老人的物质和精神需求为着眼点，充分表达晚辈的孝敬之心，真正使老有所养，老有所医，老有所乐，老有所扶，为实现老人晚年美好生活提供物质和精神的双重支持。

新时代，"见义勇为"更要"见义智为"。"见义勇为"是中华传统美德和优良传统，其内蕴的伦理目标是"义"，倡导的是对正义的尊重、认可和追求，是一种维护正义的精神和风气。当今中国社会正逐渐进入

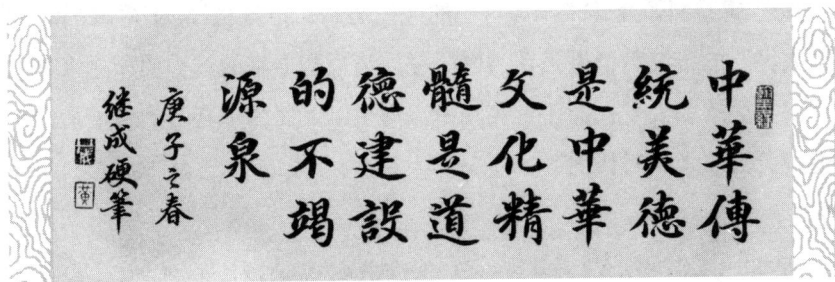

中華傳統美德是中華文化精髓是道德建設的不竭源泉

庚子之春 继成硬笔

陌生人社会，公共生活领域不断出现"见义不为""英雄流血又流泪"等突出伦理问题，在"扶不扶"成为一道选择题的今天，对"见义勇为"传统美德的诉求愈发强烈。在传统意义上，"见义勇为"的伦理动机是"勇"，即勇敢，如《论语·为政》中说："见义不为，无勇也。"强调敢作敢为、毫不畏惧的气魄。而在过去，对于"见义勇为"传统美德往往过于强调其伦理动机，忽视了行为目标的实现，甚至将"不顾个人安危"视作重要的价值导向予以宣扬，其结果是让见义勇为行为变成了超出个体能力、后果不可预料的冒险行为。进入新时代，构筑公民美好生活更强调对生命的尊重和敬畏。弘扬"见义勇为"传统美德，除了以勇敢的态度，更要用智慧的手段，在肯定大义凛然的"见义勇为"的同时，更鼓励和倡导综合考虑行为结果，科学、合法、有效的"见义智为"。

新时代，"忠于国家"就是"忠于人民"。"忠"在传统美德中不仅被看作是个人的"修身之要"，而且被定为"天下之纪纲""义理之所归"。在传统中国社会中，"忠"具有浓重的人身依附色彩，即忠于君王，忠于朝廷。随着历史的发展，这种"忠君"思想在中国现代思想的新陈代谢过程中早已被舍弃。孙中山讲道："在国家之内，君主可以不要，忠字是不能不要的。如果说忠字可以不要，试问我们有没有国呢？……不忠于君，要忠于国，要忠于民，为四万万人去效忠。"①忠诚的对象发生了变化，"忠"的道德精神却随着时代发展，仍具有现代意义。进入新时代，以人民为中心是坚持和发展中国特色社会主义根本立场，在当前面临"四大危险""四大考验"的情况下，格外需要秉持忠诚这一宝贵的政治品格，忠诚于信仰、忠诚于组织、忠诚于国家、忠诚于人民。柴生芳把"以天下为己任"作为自己的人生信条，正是将"忠于祖国"和"忠于人民"的传统美德融入在为民服务、为祖国奉献的过程中，融入进实现中华民族伟大复兴的伟大实践中，用"以人民为中心"的价值取向为传统美德注入了时代内容。

---

① 孙中山：《孙中山全集》第9卷，北京：中华书局2011年版，第244页。

三、传统美德新问题

中华传统美德中蕴含的丰富道德资源在当代公民道德建设中发挥着重要作用，但随着不断加速的现代化步伐，当代中国社会已异质于传统道德产生的中国古代封建社会，如同恩格斯所说："一切以往的道德论归根到底都是当时的社会经济状况的产物。"[①] 作为中华民族之精神命脉，中华传统美德在新时代也面临着严峻的现实问题。一方面，多元文化的交融与发展在丰富当代中国人精神世界的同时，也使得享乐主义、拜金主义、个人主义等思潮正逐渐侵蚀着国人对中华传统美德的认同和传承。另一方面，陌生人社会中普遍存在的信任危机和冷漠现象也严重阻碍了传统美德的新时代践履。

第一，自强不息的传统美德受到了享乐主义的负面影响。享乐主义是一种古老的伦理思潮，起源于古希腊的爱利亚学派，它以人的自然本性为支点，视感官享乐为人类至上的追求，认为人的最终目的乃是得到快乐，并以感触为标准来判断一切的善。进入新时代，中国社会经济发展取得的巨大成就，提供了较以往丰裕的物质财富，为人们充分享受美好生活奠定了重要基础，人们也因此愈加看重快乐至上的当下生存感受，享乐主义也由此渗透进当代中国的生活方式，逐渐割裂了当代中国人对于艰苦奋斗、自强不息传统美德的传承和弘扬。在极端享乐主义的影响下，一部分人甚至将艰苦奋斗、勤俭节约等传统美德视为物质匮乏时代的产物，因此丧失了拼搏进取的斗志，失掉了与他人同甘共苦的精神毅力。伴随着现代社会强大的社会压力，青年群体中还出现了由享乐主义衍生出的放任自我、得过且过的"佛系"文化，消极无为成为当代青年人极端的生活方式，严重阻碍了"自强不息"传统美德的时代弘扬。

---

① 《马克思恩格斯全集》第26卷，北京：人民出版社2014年版，第100页。

第二，重视整体利益、国家利益、民族利益的传统美德受到了个人主义的负面影响。"个人主义是一种只顾自己而又心安理得的情感，它使每个公民同其同胞大众隔离，同亲属和朋友疏远。"① 个人主义带来的负面影响是整个社会的凝聚力被削弱，个人利益和感受变得越来越重要，最终侵害和毁灭公民道德，使人们的价值观念陷入纯粹的利己主义。在多元文化的背景下，西方社会强调个人绝对主体性的个人主义思潮逐渐渗透到国内公民的日常生活之中，冲击了传统美德"天下之本在国，国之本在家，家之本在身"的家国情怀，在个人与社会之间制造了一种本不存在的二元对立。一部分人在极端个人主义观念的影响下，集体意识和国家意识淡薄，对公共事务和国家大事抱持"事不关己，高高挂起"的态度，人的社会属性被彻底忽视和遗忘，严重阻碍了"先天下之忧而忧，后天下之乐而乐"中所体现的"忠""公"传统美德的新时代承接，更与"为人民服务"的宗旨背道而驰。

第三，传统美德的义利观受到市场经济下拜金主义的冲击。"天下之事，惟义利而已。"中华传统美德讲求的"义利之辨"，是传统道德关于物质利益和道德规范的基本问题，涉及人们在利益与道义、物质生活与精神追求、个人利益与整体利益等一系列矛盾关系问题上的道德判断和价值选择。新时代，市场经济的发展迸发出蓬勃的活力与竞争力，不断满足人们对物质利益的要求，中国社会因此实现了快速发展。但与此同时，市场机制下人们作为理性"经济人"所呈现出的试图获得经济利益最大化的目标理性被前所未有地放大，在追逐利益的过程中产生逐利情结等与市场经济相适应的价值观念，往往使人们自身整体价值观发生变化，最终导致在追逐利益与道德养成二分结构中倾斜偏颇，拜金主义、货币拜物教观念由此在人们的日常生活中不断滋生蔓延。在拜金主义、货币拜物教观念的支配下，人的社会关系变成了物的关系，人的价

---

① ［法］托克维尔：《论美国的民主》下卷，董果良译，北京：商务印书馆1988年版，第625页。

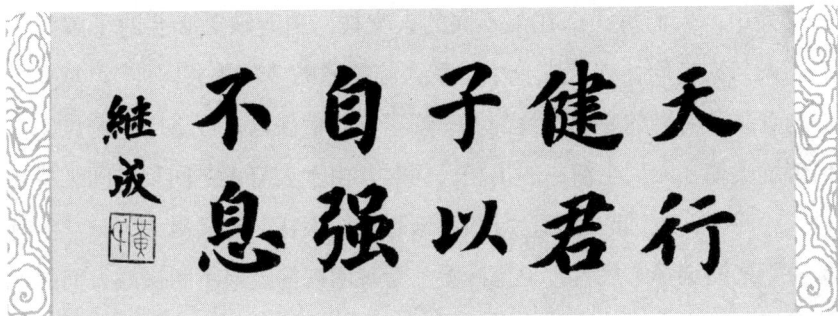

値观念被金钱量化，"见利思义"、"求利有道"和"义在利先"等中华传统美德失去了原有的伦理规范作用，诚信缺失、重利轻义等道德伦理问题随之凸显。

第四，陌生人社会对传统美德践行的挑战。传统美德产生于传统中国小农式的、相对静态的乡土社会，这种乡土社会是"是一个'熟悉'的社会，没有陌生人的社会"[①]。进入新时代，中国社会处在快速的转型时期，陌生人社会逐渐成了当代中国常见的社会面相，社会结构的变化对人们践行传统美德产生了巨大的外部挑战。一方面，陌生人社会中存在着快速的人口流动，对人们践行孝老爱亲等传统家庭美德提出了挑战。孝老爱亲、邻里相帮等传统美德是古代中国人民在长期以家庭、村庄为单位的农业生产中逐渐形成的，在传统熟人社会稳定的社会环境下，人们对家庭道德伦理有着较清晰的认知和理解，并在日常生活中身体力行。随着中国逐渐进入陌生人社会，传统大家庭群居的生活方式日渐远去，城市化运动带来了大规模的劳动力流动。事实上，在人们选择外出务工的同时，其家庭成员往往难以一起流动，自然而然地引发了诸如空巢老人、留守儿童等社会现象，许多老人和儿童虽然享受到了现代社会物质生活的不断改善，却失去了亲人的陪伴和亲情的滋养。另一方面，陌生人社会导致了人与人之间信任的缺失，冷漠成为陌生人交往的常态，对人们践行诚实守信、见义勇为的传统美德提出了挑战。在陌生

---

① 费孝通：《乡土中国》，北京：人民出版社 2008 年版，第 6 页。

人社会中，人们每天都在与不同的人交往，由于缺乏必要的了解和认识，人与人之间往往缺少一个维系人际关系的"道德共同体"，每个人都抱着某种防御的心态对待外界一切事物，信任危机严重压缩着诚实守信传统美德在人们生活中的出场。同时，由于人与人之间长时间维持着紧张、冷漠、疏远的状态，导致越来越多的人在"见义勇为"与"明哲保身"之间选择了后者，道德冷漠、旁观围观等现象不断挑战人们的伦理底线，成为突出的道德建设问题。

四、传统美德新实践

美德产生于中国传统社会自然经济基础上，不可避免地带有封建等级社会的背景特点、历史局限。在推进新时代公民道德建设的今天，必须用辩证唯物主义和历史唯物主义的立场、观点、方法对传统美德进行批判的继承、创新和发展。新时代，弘扬中华传统美德必须立足民族复兴的伟大实践，通过教育引导、文化熏陶、实践养成、制度保障等方式，使传统美德内化于心、外化于形、实化于行、固化于制，满足公民道德建设的客观需求和当代中国人美好精神生活的发展需要。

在教育引导方面，推动中华传统美德进入校园。教育是文化传承的重要载体，也是中华传统美德传承的重要途径。习近平指出，公民道德建设"要从娃娃抓起、从学校抓起，做到进教材、进课堂、进头脑"[1]。在新时代弘扬中华传统美德，首先要系统挖掘中华传统道德的教育资源，对中华传统美德及其主要内容进行梳理、筛选、凝练、重释，使传统美德的德目与当今中国新历史方位相结合，与当前学校德育的内容相对接，构建切合国民教育体系的中华民族传统美德内容体系。以学校为中华传统美德教育的主阵地，依据学生的认知规律、思想品德的形成规律和道德教育的规律，由浅入深、由近及远、由低到高，按学段、分

---

[1] 《习近平谈治国理政》，北京：外文出版社 2014 年版，第 164—165 页。

层次，把中华传统美德的内容纳入教学，将传统美德的内涵融入各个学科、各门课程。同时，还应当利用各种校园活动进行传统美德教育，如通过开展中华传统美德的系列讲座，研读优秀传统文化书籍，吸收前人的修身处世智慧，养浩然之气，塑高尚人格，不断提高人文素养和精神境界。

在文化熏陶方面，推动中华传统美德融入生活。以中华传统美德涵养新时代公民道德建设，须重视利用传统美德潜移默化的教化机制，结合新时代人民对美好生活的向往，找准人们思想的共鸣点，对中华传统美德的德目、观点进行新的诠释和激活，使其富有贴近大众生活的新意义，不断丰富人们的精神世界，增强人们的精神力量。中华传统美德产生于以家庭、村落为单位的传统社会环境，在五千年的历史积淀中，已深植于中国人日常的家庭生活、社区生活。因此，涵养新时代公民道德建设必须以人们日常家庭生活、社区生活为着力点，将中华传统美德融入进家庭、社区生活的日常交流、民俗风气的塑造培养中，达到润物无声的效果。习近平总书记说："家庭是社会的基本细胞，是人生的第一所学校。不论时代发生多大变化，不论生活格局发生多大变化，我们都要重视家庭建设，注重家庭、注重家教、注重家风，紧

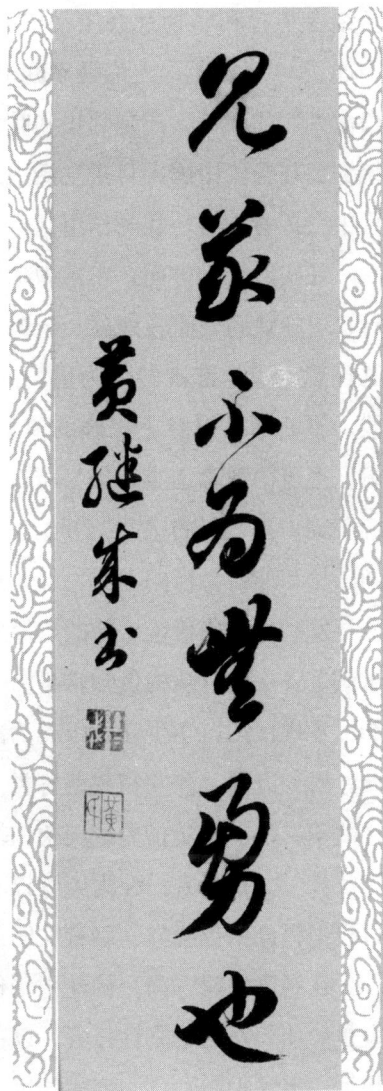

密结合培育和弘扬社会主义核心价值观，发扬光大中华民族传统家庭美德。"①事实上，无论是家庭中父母长辈日常对子女"勤俭节约""诚信做人"的教诲，还是邻里和睦、社区一家亲的良好氛围，都是中华传统美德在当代中国人日常生活中的具体体现，在塑造良好家风、民风过程中发挥着不可替代的作用。

在实践养成方面，丰富中华传统美德实践方式。道德化于心，显于行，贵在认同，重在践履。道德实践是道德建设的出发点和归宿，是道德理想、道德准则转化为道德品质的必要途径，人们只有通过道德实践，不断纠正自身不正确的道德认知，才能加深对高尚道德情操的理解，把道德观念逐步升华为相对稳定的道德行为。在新时代践行中华传统美德，须"以古人之规矩，开自己之生面"，尽可能采取人民群众喜闻乐见和通俗易懂的方式，综合运用各种有效手段和现代传播手段，充分开发利用中华传统美德的丰厚资源，对人民群众进行引导、启迪，力求满足各层次群众的认知水平。一方面，推动中华传统美德融入市民公约、乡规民约、学生守则等行为准则，成为人们日常工作生活的基本遵循。另一方面，建立和规范各类礼仪制度，组织开展形式多样的纪念庆典活动，继承和弘扬传统美德，增强人们的认同感和归属感，吸引群众广泛参与，推动人们在为家庭谋幸福、为他人送温暖、为社会作贡献的过程中提高精神境界、培育文明风尚。

在制度保障方面，构建中华传统美德长效机制。新时代公民道德建设是一项长期的战略性任务，以中华传统美德涵养公民道德也需要着眼长远，借助于制度化的形式加以保障。第一，在政策导向上要大力宣扬中华传统美德的重要地位，始终把传统美德作为新时代公民道德建设的重要源泉。第二，充分发挥法律作为道德底线的作用。传统美德与法律在内容上有许多一致性，如"爱祖国""爱人民"既是宪法规定的每个公民的法律义务，又是传统美德的重要内容。将传统美德中符合时代需

---

① 习近平：《在2015年春节团拜会上的讲话》，《人民日报》2015年2月18日。

求的一部分道德理想、道德规范纳入法律法规的范畴，在社会上普遍推行，既有利于促进人们的道德实践，使人们能够依法依规弘扬中华传统美德蕴含的"正能量"，也能够遏制市场经济下传统美德伦理失范带来的道德问题。第三，探寻并构建切实可行的抑恶扬善赏罚机制。形成一套科学的规范体系和评价体系，旗帜鲜明地告诉人们什么是真善美，什么是假恶丑，什么是值得肯定和赞扬的，什么是必须反对和否定的。通过赏罚来唤醒和激发人的道德良知，增强道德荣誉感和知耻感，树立道德标尺，引导社会风气。

[第三讲]

以爱国之情砥砺时代动能

　　新时代爱国精神依托日常生活场域，摈弃大事化爱国的"悬浮化"理念，重视向现实化的实践转化。在日常生活中、在爱岗敬业的奋斗中、在力所能及的范围内孕育爱国情怀，积蓄爱国力量，脚踏实地，身体力行，成为新时代每个公民彰显爱国美德、弘扬爱国主义精神的日常图式。

道德建设既要教育引导也要靠有效治理

  《新时代公民道德建设实施纲要》将爱国视为公民道德的内在构成，将爱国主义精神的培养视为公民道德建设的关键。《纲要》中指出："以爱国主义为核心的民族精神和以改革创新为核心的时代精神，是中华民族生生不息、发展壮大的坚实精神支撑和强大道德力量。"[①]"推动践行以爱国奉献、明礼遵规、勤劳善良、宽厚正直、自强自律为主要内容的个人品德。"[②] 其中，将"爱国"置于个人品德之先。公民与国家有着确定的权利义务关系。爱国主义是首要的公民美德。你是中国人吗？你爱中国吗？你愿意中国好吗？著名教育家张伯苓的"爱国三问"是对公民与国家关系的直接拷问，它不仅是中华民族危急存亡之际的历史之问，更是实现中华民族伟大复兴中国梦的时代之问。爱国主义精神作为中华民族几千年沉淀下来的优良传统，不仅在历史上起到了激发中华儿女心忧天下、抵御外侮、自强不息的支柱作用，在今天依然发挥着激励中国人民团结一致共克时艰、同心同德共筑中国梦想的精神动力作用。党的十八大以来，中国特色社会主义进入新时代，党和国家发展走过"极不平凡"的历程。公民对国家的认同感、归属感与自豪感不断提升。以爱国之心砥砺时代动能，以报国之行深化爱国情怀，是爱国主义精神在新时代的最好体现。

---

① 《新时代公民道德建设实施纲要》，北京：人民出版社 2019 年版，第 8 页。
② 《新时代公民道德建设实施纲要》，北京：人民出版社 2019 年版，第 6 页。

一、爱国情怀新故事

不论树的影子有多长，根永远扎在土里。"我和我的祖国，一刻也不能分割。"爱国是一个人立德之源、立功之本。爱国之心自古以来就流淌在中华民族血脉之中。时代在发展，情怀在延续。一个又一个平凡而伟大的人续写着新时代的爱国故事，彰显着新时代的爱国精神，唱响了新时代的爱国强音。

李保保："如果有来生，还愿为国再牺牲"

2010 年 12 月，刚满 18 岁的李保保应征入伍。刚到部队时，在新兵思想问卷调查"入伍动机"一栏，李保保写道：当兵不图啥，只想为国家做点啥！两年后，李保保被选派参加总部侦察兵集训。面对从未接触过的新侦察装备，李保保抱着说明书研究半天摸不着门道，每到晚饭后，他都会拿着说明书盯着教员，一股子打破砂锅问到底的轴劲，硬是把性能摸了个透，成为第一个熟练使用软管窥镜的队员。

"不去战场走一遭，不算合格特战兵。"2015 年 4 月，李保保第一个向中队支部提交了请战书，远赴西部某地担负维稳处突任务。李保保说："我是一名军人，是特战队员，只有上战场，战斗在第一线，这样的人生才有意义。"西部边陲，空气干燥、多尘、昼夜温差大，像刀子一样的风沙，吹得脸生疼。不到两个月，李保保的手和脸开始干裂，尤其是手掌上的裂纹很大，稍微用点劲，血就会渗出来，拿枪训练疼痛难忍。即便这样，李保保还是撑着，一个科目也没有落下。每次外出巡逻，他总是走在最前面，把战友护在身后。2016 年 11 月，李保保再次提交申请，请战重返熟悉的反恐战场，他理直气壮地对中队长余京金说："我是老兵，熟悉当地情况，不让我去让谁去？"

2017 年 4 月，李保保在西部某地担负执勤任务，因胃部恶性肿瘤恶化，倒在了执勤的路上，回沪后，被确诊为胃癌晚期。随着化疗的深入，李保保能够完成的基本训练越来越难。躺在病床上，他开始学习《国内外反恐战例研究》《反恐怖战斗主要战法》等书籍资料，不时摘抄笔记，撰写心得。他对邵引路说："帮我保存好，以后回中队执行任务一定还用得上。"

2018年4月24日，年仅26岁的武警战士李保保永远离开了人世。在他的日记里，写着这样一段话：如果有来生，还愿为国再牺牲！

中国女排：用奋斗镌刻荣光

2019年女排世界杯，中国女排以十一连胜的完美战绩结束了全部比赛。主教练郎平接受采访时说："只要穿上带有中国的球衣，就是代表祖国出征。为国争光，是我们的义务和我们的使命。每一次比赛，我们的目标都是升国旗，奏国歌！"队长朱婷说："是祖国的伟大成就了我们！"

郎平的爱国之心，一直都不是仅仅停留在嘴上。众所周知，执教中国女排，不仅压力大，而且待遇低，对此郎平从未犹豫过，特别是她当年能义无反顾地接手低谷中的女排，需要很大的勇气。郎平曾连续多次手术，拖着伤病之躯执教。浑身上下都是伤病，最严重的就是膝盖、脊椎、颈椎、腰椎等部位，各部位加起来手术次数已经超过10次，膝盖已经做过7次手术，髋关节也做了置换手术，不能长时间一个姿势，这对于经常需要坐车坐飞机的郎平，每次都非常折磨，每隔一会都要起来自己揉揉。

每一次在场上力量型的扣球都是经过千万次训练，而每一次的拦网，都是被男助教扣球后形成的反应。每一个场上动作看起来非常简单，其实注入了运动员付出的精力和汗水。由于长期高强度的训练，运动员多多少少身上会有一些伤痛，而朱婷的伤是非常严重的，有好几场比赛，朱婷都是忍着伤痛完成。但朱婷的心态非常强大，她曾表示：能够为国争光，这些伤不算什么。向世界一流全面主攻大步迈进的时候，惠若琪被命运开了个玩笑。2015年世界杯出发前夕，惠若琪被检查出心脏问题，未能随队征战世界杯。她的那句"郎导，只要队伍需要，我可以坚持"，让铁榔头泪流满面。

即使被挤压到绝境，也希望用尽最后一点力气再搏一下，这就是女排精神，不是一定赢得冠军，但是永远要有一颗冠军的心。

四川省凉山州森林消防支队：逆火前行，守护家园

2019年3月30日，凉山木里县雅砻江镇立尔村，一场突如其来的大火，牵动了每一个国人的心。扑火人员在转场途中，受瞬间风力风向突变影响，突遇山火爆燃，27名森林消防指战员和3名地方扑火人员全部牺牲。

30名牺牲人员中，有3个"70后"、1个"80后"、24个"90后"、2个"00后"，年龄最小的才18岁。生前任凉山州森林消防支队新闻报道员的代晋恺，跟记者说的最后的话是："火场信号不好，一下山立马给您发素材和现场的图片！"可后来他却再也没有音讯。张浩，刚刚结婚不久，最近朋友圈的每一个动态却都是在任务途中。蒋飞飞，最后的朋友圈同样是奔赴火场的画面。他说："前三天连打了两场，回来衣服泡起还没洗就通知走了。"陈益波，刚满20岁，两年多没回过家，执行任务时，父母问起，也都是"没事，不要担心，不危险"……

曾有消防员说："消防的危险性不言而喻，我随时准备牺牲！这是我守护这片土地、守护祖国和人民的方式！"凉山州森林消防支队西昌大队指战员在无情的大火面前，面对严峻考验，为了人民群众的生命财产安全，不畏牺牲、挺身而出，用生命谱写了壮丽的青春赞歌。第23届"中国青年五四奖章"给他们的颁奖词是：逝去的年轻生命让凉山垂泪、邛海含悲。他们在血与火、生与死的考验面前，用鲜血和生命践行着铮铮誓言。祖国永远记得你们，人民永远记得你们！

李保保以青春之名许下爱国誓言，以刹那芳华铸造民族脊梁，用一身铁骨、一颗红心、一腔热血诠释了"愿得此身长报国，何须生入玉门

关"的爱国精神；中国女排，在荆棘丛中为国争光，守望中华民族尊严，创造了新时代的荣耀，诠释了"升国旗，奏国歌"的责任与担当；四川省凉山州森林消防员逆火前行，敢于奉献，守护家园，用生命践行爱国誓言。新时代的爱国故事流露出中华儿女最朴素、最自然的爱国情感，彰显了"实现中华民族伟大复兴"的时代主题，明确了爱国之于"奋斗"与"实干"的践行理路。这些爱国故事让我们动容、让我们感怀，激励我们前行。岁月静好，是因为有人在负重前行、默默守护。而我们，不一定成为无私奉献的伟人，却可以成为在平凡的工作岗位中守护爱国情怀、弘扬爱国精神的奋斗者，以赤子之心、敬畏之心感恩、回报祖国母亲，自觉抵制全球主义、个人主义、历史虚无主义与民族主义等错误思潮的影响，坚持正确的爱国理念，在知情意行等方面展开新时代的爱国实践。

二、爱国情怀新内涵

爱国是每一个人的本分，是中华民族与中国人民的永恒主题。在不同的时代，有着不同的具体内涵。新时代，爱国服务于新的时代主题，彰显新的时代要求，表达新的文化符号，明确新的践行理路。厘清爱国新内涵，对弘扬新时代的爱国主义精神具有至关重要的意义。

首先，爱国主义的时代主题之"新"。习近平总书记在主持中央政治局第二十九次集体学习时指出："实现中华民族伟大复兴的中国梦，是当代中国爱国主义的鲜明主题。要大力弘扬伟大爱国主义精神，大力弘扬以改革创新为核心的时代精神，为实现中华民族伟大复兴的中国梦提供共同精神支柱和强大精神动力。"[①]这是对爱国主义精神之于中国梦的意义昭示，也是中国梦之于新时代爱国主义的价值主题。新时代，

---

① 《习近平关于全面建成小康社会论述摘编》，北京：中央文献出版社 2016 年版，第123 页。

爱国主义与中国梦互为依托，彼此支撑。以国家富强、民族振兴与人民幸福为核心的中国梦的实现作为一项不断推进的伟大事业，使新时代爱国主义精神落地生根，并呈现出绚烂的时代光芒。一方面，中国梦的时代主题打开了理解爱国主义的密钥，孕育着新时代爱国主义的精神内涵，指引新时代爱国主义的发展向度。爱国之情、强国之志与报国之行统一于实现中国梦的伟大征程中。中国梦指引下的爱国主义不是狭隘的爱国主义，而是关系理性视域下爱国主体间合作、共赢、共享、"美美与共"的爱国主义，是个人梦与中国梦、中国梦与世界梦的共融共通；不是物化、异化的爱国主义，而是克服工具理性、坚守价值理性、践行美好生活的爱国主义，是人的自由全面发展与社会全面发展的理性统一。另一方面，中国梦是新时代爱国主义精神的指南针与助推器。中国梦的时代主题规定爱国者的前进方向，涵养爱国者的精神风貌，激发全体爱国者的价值体认。受中国梦这一大众化、形象化、具体化的价值感召，爱国者逐步确立为国家富强、民族振兴与人民幸福而不懈奋斗的具体目标，在原初的自然情感基础上逐步向认同、践

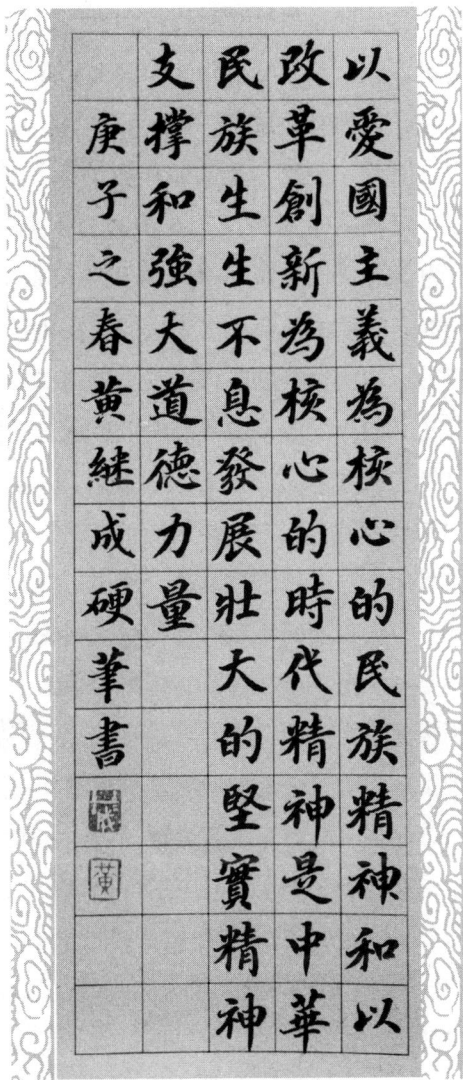

以爱国主义为核心的民族精神和以改革创新为核心的时代精神是中华民族生生不息发展壮大的坚实精神支撑和强大道德力量

庚子之春 黄继成硬笔书

行中国梦的价值性自觉迈进。这一过程旨在实现一种自由自觉的、根源性的国家认同，生成作为中国人的底气、自信与自豪，达致情感认同与价值认同的有效统一。

其次，爱国主义的时代要求之"新"。习近平总书记在纪念五四运动 100 周年时强调："当代中国，爱国主义的本质就是坚持爱国和爱党、爱社会主义高度统一。"① 爱国不仅是一种自然意义上的"血缘"认同，更是一种政治认同、历史认同、文化认同与道义认同。爱国情怀的真实表达、爱国精神的时代力量、爱国主义的价值品性只有在与爱党、爱社会主义的高度统一中才能得以彰显。具体而言，爱国主义的对象是中国共产党领导下的社会主义中国。一方面，从历时态维度进行观照，在历史与现实的对比中，爱国与爱党的统一来自这样一个事实，即中国共产党带领中国人民进行革命、建设与改革的伟大实践、对人民日益增长的美好生活需要的不断满足、对中国成就的持续塑造是对其作为"中国人民与中华民族主心骨"的有力诠释，更是对中国共产党为什么"能"的积极回应。由此，我们可以看出，中国共产党自身的成长壮大历程，体现了对爱国主义精神最深刻的理解、最坚定的弘扬与最质朴的践行。另一方面，从共时态维度进行观照，在国际与国内的对比中，爱国与爱社会主义的统一体现于对中国特色社会主义为什么"好"的理论与实践中。面对资本逻辑支配下资本主义世界经济危机、恐怖主义等问题的频发，中国特色社会主义以科学社会主义理论逻辑与中国社会发展历史逻辑的辩证统一、党性与人民性的内在一致、中国特色社会主义道路、理论、制度与文化的互相支撑科学有效地证明了中国特色社会主义的独特优势和国际影响。综括而言，新时代，爱国、爱党与爱社会主义的高度统一有利于保障爱国主义的正当性与合理性。广大人民群众对共产党执政规律与社会主义建设规律的正确认知是其树立爱国、爱党与爱社会主义相

---

① 习近平：《在纪念五四运动 100 周年大会上的讲话》，北京：人民出版社 2019 年版，第 7 页。

46

统一的马克思主义爱国意识的重要前提。

再次,爱国情怀的文化符号之"新"。卡西尔认为,人是符号的动物。"符号化的思维和符号化的行为是人类生活的代表性特征之一,而且整个人类文化的发展都不容置疑地取决于这些条件。"①爱国情怀具有文化符号意义,且通过特定的文化符号得以彰显。新时代,爱国情怀在依托载体、话语表达等方面涌现出新的文化符号。具体来说,其一,仪式礼仪作为新时代爱国主义教育载体的凸显。仪式礼仪由于其程式化、跨时空的运行特征与强大的在场效应,进而发挥着营造历史场域,延续历史记忆,强化爱国情感,联结历史、现在与未来的重要功能。仪式礼仪的操演不只是对历史场景的正确还原与对厚重历史的由衷敬畏,更是对中国优秀的、深厚的道德与文化的价值培育与巩固。其中,国家纪念日的增设与纪念仪式的发展是孕育爱国情怀的重要契机。2014 年 8 月 31 日,十二届全国人大常委会第十次会议通过了关于设立烈士纪念日的决定,以法律形式将 9 月 30 日设立为烈士纪念日,这对于激发爱国热情具有重要意义。其二,新时代爱国话语表达的多样化与创新性。在网络浪潮中,青年正在用"青春化""艺术化""叙事化"的方式表达爱国情怀。如"天府事变"乐队将说唱音乐与爱国情结相结合,创作《this is China》这首讲述真实中国的歌曲。《那年那兔那些事儿》作为一部爱国主义动画,对"兔"这一萌化的动物进行了拟人化处理。其中的经典台词"今生无悔入华夏,来世仍入种花家""我们想回家,回去建设种花家""背后既是祖国,我们无路可退""每一个兔子都有一个大国梦"等凭借其感性轻盈的爱国话语点燃无数兔粉的爱国情,使得"我兔威武"成为青年表达爱国情怀的一种话语资源。"饭圈女孩""帝吧网友"以表情包、简洁的文字等特有的文化符号诠释爱国热血。其三,地方红色资源的创新性开掘。新时代,随着红色文化的大力宣传与红色旅游的持续升温,红色资源的文化符号价值得到更大程度的重视。红色文艺作品在形式上实现由单一的话

---

① [德]恩斯特·卡西尔:《人论》,李琛译,北京:光明日报出版社 2009 年版,第 26 页。

继承 美与羡

剧、歌剧向微电影、短视频等多种新媒体形式的拓展，在内容上实现传统性与时代性、大众性与经典性的创新性结合。红色基地以红色故事的新时代传播为抓手，以红色精神的新时代弘扬为主旨，利用先进的技术手段，实现红色基地爱国主义教育资源的创新性开掘。

最后，爱国精神的践行理路之"新"。爱国从来都不是一句简单的口号，而是顽强奋斗的实际行动。习近平总书记强调："中国人民和中华民族从斗争实践中懂得，中国社会发展，中华民族振兴，中国人民幸福，必须依靠自己的英勇奋斗来实现，没有人会恩赐给我们一个光明的中国。"①2018年7月，中组部、中宣部印发《关于在广大知识分子中深入开展"弘扬爱国奋斗精神、建功立业新时代"活动的通知》，指出，近年来，习近平总书记对弘扬爱国奋斗精神作出一系列重要指示，深刻阐明了爱国奋斗精神对当代中国的重大意义，对在全社会弘扬爱国奋斗精神提出了明确要求。这激励每一个中华儿女在日常的"奋斗""实干"中而非抽象的"为国捐躯""大事化爱国"行为中展开爱国报国的实际行动，做新时代的奋斗者与追梦人。爱国与奋斗作为新时代的关键词，具有相互依存、密不可分的内在关联。奋斗与爱国的相互交融拓宽了奋斗的基本内涵，明确了爱国主义精神的新时代践行理路。爱国奋斗精神将奋斗从个人发展的单一维度提升到个人发展与国家发展的双重维度，将爱国行为从宏观理想层面拉回到具体可行的现实层面。道虽迩，不行不至；事虽小，不为不成。奋斗方显爱国之志，实干方圆爱国之梦，实

---

① 习近平：《在纪念五四运动100周年大会上的讲话》，北京：人民出版社2019年版，第4页。

践开启梦想通道。围绕爱国奋斗这一实践主题，新时代爱国精神的践行依托日常生活场域，摈弃大事化爱国的"悬浮化"理念，重视向现实化的实践转化。在微小琐碎的日常生活中、在爱岗敬业的奋斗中、在力所能及的范围内孕育爱国情怀，积蓄爱国势能，脚踏实地，身体力行，成为新时代每个公民彰显爱国美德、践行爱国主义精神的日常图式。

三、爱国情怀新问题

人们对爱国主义的理解具有多样性，如情感说、美德说、文化说、政治说等。但归根结底，它是在马克思主义及其中国化指引下形成的关涉爱国情感、美德、文化与政治等的统一。新时代，全球主义、个人主义、历史虚无主义与民族主义等思潮对爱国主义思想的冲击时有发生，遮蔽了爱国主义的本质性内涵，背离爱国主义的正当性与合理性。

第一，全球主义对国家意识的消解。世界历史性的普遍交往是美好生活由一国扩展到世界，发挥"共建""共享"之属性的必要条件。这种由民族性与世界性共同形塑的美好生活，既可以丰富中国人美好生活的基本样态，又可以为抵御全球风险问题提供切实有效的集体力量与集体智慧。然而，随着全球化的不断发展，"人们之间的交流互动从威斯特伐利亚时代的主权时空愈来愈变为超越一切主权地域的世界时空"[1]。民族性与世界性的交融关系遭到有意无意的割裂。全球主义思潮的"去边界化"倡导一种"绝对的公正"，摈弃对任何同胞的任何偏爱，忽视了公民对祖国的特殊关切与特殊责任，削弱了爱国主义认同的国家意识基础。全球意识的强化与国家意识的淡薄成为爱国主义面临的重要挑战。具体来说，一方面，全球主义思潮削弱、蚕食国家意识。全球主义将普遍理性视为不同国家意识形态、民族文化存在的根据和基础，否认或忽视特殊性的价值判断，消弭人们对国家的认同感与归属感。另一方

第三讲　以爱国之情砥砺时代动能

―――――――――――――

① 周峰：《重塑全球化时代的民族认同》，《马克思主义与现实》2014 年第 4 期。

面，公民的责任序列被错置。全球主义思潮以"世界公民"这一虚幻的概念取代真实的公民概念，以公民对世界的责任取代对国家的责任，以对所有人的义务取代对同胞的义务，模糊负责任的全球公民形象。事实上，对祖国忠诚、对同胞关爱是公民首要的政治责任。公民责任序列的错置致使国家意识愈加淡化。

第二，个人主义对公民与祖国关系的消解。爱国是人的社会本质的主要呈现样态。"我"和"我的祖国"在真实真诚的互动中达致一种共感、同情与合作的状态，实现彼此之间的相互理解、意义共生与价值共享。公民角色蕴含着不容置疑的伦理应当，规定了"作为并成为一个合格公民"的责任与使命。然而，个人主义思潮的盛行使得爱国主义蕴含的关系理性遭到割裂。个体愈发注重自我持存的能力，与此同时，"为他者""为国家"的责任伦理意识也随之减弱。一方面，原子式个体将自爱视为一种私有之爱，并将其与爱国对立起来。具体来说，公共参与意识薄弱，对国家大事持"事不关己，高高挂起"的冷漠态度，对爱国主义产生强烈的抵触心理。另一方面，原子式个体对爱国情感的定位出现严重偏差。在绝对自由观念的支配下，个体强调情感的自由性，将爱国情感视为一种强制性情感灌输，忽视爱国情感生成的"自然性"与"朴素性"。事实上，人与祖国有着类似生物学意义上子女与父母的血脉相连。人的感性存在决定其对祖国生于斯、长于斯的地方具有深深的情感依恋。否认这一情感依恋，意味着否认爱国主义生成的感性基础。

第三，历史虚无主义对历史价值观的消解。古人云："欲知大道，必先为史。灭人之国，必先去其史。"历史不是没有根据的主观捏造，而是客观存在的事实。尊重、了解并传承本国本民族的历史文化，是爱国主义精神的重要体现。加深对历史发展规律的认知，是增强爱国情感的必要环节。然而，历史虚无主义错误思潮借助新媒体的传播效应不断肆虐，具体来说，它借助"后真相时代"事实与情感的倒置逻辑，掩盖、扭曲、丑化甚至篡改历史真相，刻意抹黑民族英雄的正面形象，否认历史的客观性存在，消解爱国主义教育的历史内涵，对正处于世界观、人生观与价值观形成的关键时期的青少年群体造成不利影响。近年来，屈原、刘胡兰、雷锋、邱少云等正面人物成为历史虚无主义者诋毁的对象，改革开放前的历史与改革开放后的历史被历史虚无主义者视为互相分离的存在。从根本意义上说，在历史虚无主义者诋毁历史英雄人物、割裂历史时期、崇尚西方文化的背后，隐藏着其对历史客观性、进步性的质疑、对主流意识形态的攻击、对历史事件的断章取义以及对中国文化的贬低，而这些无疑都是对爱国主义精神的不断消解。

第四，民族主义对人类命运共同体的消解。"爱国主义与民族主义的融合与混淆既是一个概念上的错误，也是一个政治上的灾难。"[1]狭隘的爱国主义人士通过置换爱国主义的本质意涵，将爱国主义等同于地方性、排外性的民族主义，消解具有深厚历史意蕴与现实价值的人类命运共同体意识。受民族主义强烈的煽动性影响，人们往往产生对本民族的狂热或盲目忠诚心理，只认同本国或本民族的思想观念、文化传统与特殊利益，兜售本民族发展的生活方式与行为习惯，而与其他国家或民族的价值观念与利益发生正面或侧面冲突。由此可以看出，民族主义与爱国主义不相等同。以爱国主义之名行民族主义之实，是一种偷换概念的行为与绑架爱国主义的策略，容易导致非理性、偏激、狂热的"爱国"情怀的滋生。盲目的爱国理念不仅无助于爱国主义的正当性维护，而且容易导致错误的爱国倾向。此外，民族主义向民粹主义的极端性推进，更是将爱国行为的盲目性与偏激性表现得一览无余、淋漓尽致。

四、爱国情怀新实践

第一，在认知层面，增进对中国历史与现实的理性认识。从历史来看，"一个民族的历史是一个民族安身立命的基础。"中华民族的五千年

---

[1] 朱慧玲：《爱国主义的双重维度——基于公民共和主义的证成与辩护》，《哲学研究》2019 年第 10 期。

历史承载着塑造、培养与强化国民的"国家认同感"的重要功能,凝结着中国人民自力更生、团结奋斗、百折不挠的爱国力量。这要求我们基于对历史真相的理性认识原则与敬畏原则做出对"伪爱国主义""反爱国主义"的审视与反思,弘扬中华优秀传统文化,以马克思主义唯物史观的立场、观点与方法应对并回击历史虚无主义的错误思潮,还原历史事实,增强历史认同。从现实来看,改革开放使中华民族与中国人民呈现出前所未有的崭新面貌,实现了从"站起来"到"富起来"再到"强起来"的伟大历史转变。经济、科技、军事等多领域的跨越式发展是对中国综合实力不断提升的强有力证明。在处理国际问题上,中国智慧与中国方案的持续涌现是对中国力量以及中国形象的充分肯定。这要求我们基于中国取得的伟大历史成就提升国家自豪感与民族自豪感。新时代,我国社会主要矛盾已经转化为人民日益增长的美好生活需要和不平衡不充分的发展之间的矛盾。这要求我们认清我国在实现中华民族伟大复兴的征程中面临的危机与挑战,养成独立思考的能力、自主创新的能力与艰苦奋斗的能力,保持清醒头脑,练就应对风险挑战的过硬本领,以强烈的使命感与责任感彰显中国人的自信底色。

第二,在情感层面,涵养深厚的爱国情怀。国家作为基本的共同体单位,为个体提供生存与发展的坚强保障。换言之,个人命运与国家命运存在密不可分的内在关联。个人对国家有着物质与精神的双重依存性。爱国情感作为公民首要的情感寄托,是激发人们作出爱国行为的不竭动力,主要体现为对祖国自然资源与人文资源的无限热爱。首先,爱自然资源。人与自然作为推动彼此实现优质发展的现实因子,共同构成整体性、系统化的生命共同体。我们应在了解生态阈值、尊重自然规律的基础上,以热爱自然如同热爱自己的真切情感诠释生命共同体何以可能以及如何可能。其次,爱中华文化。文化的本质在于以文化人、以文育人。中华文化是每一个中华儿女的存在方式与重要表征,是中华民族团结奋进的有效介质与重要黏合剂。我们需明确传承中华文化基因与弘扬爱国主义精神的逻辑关联,实现中华文化与人的双向形塑。再次,爱中国共产党。中国共产党在中国革命、建设与改革的历史时期始终本着为中国人民谋幸福、为中华民族谋复兴的初心和使命，用行动诠释着"中国共产党为什么能"。对执政为民的奉献精神、自我革命的政治勇气与敢闯敢干的担当精神的弘扬与践行，便是我们热爱中国共产党的切实体现。最后，爱社会主义。历史和实践证明，只有社会主义才能救中国，才能发展中国。离开对社会主义制度的认同、理解与支持，爱国主义的完满性与整体性力量则会随之削弱。爱社会主义作为抽象意义的理性爱国情怀，依赖于知识的习得与理性的成熟。通过对我国国情与社会制度的理性认知与全面把握，我们才能坚定中国特色社会主义道路自信、理论自信、制度自信与文化自信，培养爱社会主义的理性情怀。

一個民族的歷史是一箇民族安身立命的基礎

庚子之春 黄継成书

第三讲 以爱国之情砥砺时代动能

　　第三，在行为层面，推动爱国行为的实践创新。升国旗、唱国歌、参观爱国主义教育基地、瞻仰革命遗址、聆听伟人故事、观看革命历史纪录片是公民表达爱国情感、践履爱国行为的惯性逻辑。公民在一系列程序化、仪式化的爱国行为中重温历史，获取"记忆中"的情感体验。

然而，时机化、仪式化与大事化的爱国行为自觉或不自觉地忽视了日常生活逻辑下爱国情感的微观表达。鉴于此，建构一种立足于日常生活行为、拓展于个人梦与国家梦的统一、实现于每一个中华儿女发自内心的国家认同的实践范式是将爱国宏愿落地生根的关键。一方面，我们要在日常的学习、生活与工作中提升自身修养、增强自身本领。由此，我们要以具象化、日常化的实际行动与规范化的伦理操守彰显爱国热情，化解"大事化爱国"的行为悖论，实现爱国主义与日常生活的有效衔接。另一方面，我们要坚持个人理想与社会理想的统一。既要坚守自身独立的价值理想，又要积极承担自己作为"社会人"的使命与担当。以关心弱势群体、参与社会服务、投身社会实践等具体的亲社会行为践行"为他者"的责任伦理，推进爱国理想与爱国情感的现实化。

第四，在方式层面，唱响互联网爱国主义主旋律，拓展爱国主义实践场域。一方面，就新时代爱国主义教育而言，充分利用互联网这一主阵地，发挥互联网的即时性、便利性与互动性特征，将互联网思维融入其中，增强吸引力与凝聚力，激发公民的爱国情感，强化公民的爱国行为。如《新闻联播》入驻快手抖音，实现了其作为主流意识形态话语表征的迅速"涨粉"。"学习强国"学习平台的上线推动新时代爱国主义宣传教育的常态化。此外，沉浸式、参与式爱国主义教育以"主体在场"的方式让受教育者重温中华民族浴血奋战的历史，感悟先辈初心，践行爱国报国的时代使命。另一方面，就公民自身的爱国方式而言，线上与线下的有效互动成为新时代爱国主义表达的重要方式。公民通过线上爱国言论的民主表达，表明对国家大事的关切态度；通过线下爱国情感的直接表达，彰显强有力的爱国行为，实现在网络空间与物理空间的双向爱国。

[第四讲]

以敬业之本守正职业初心

　　工作，不仅体现的是一种谋生手段，也蕴含着一种职业精神；岗位，不仅是"岗"加"位"的一个简单结合，更蕴含着一种责任与力量，体现着具有超越"蜜蜂劳动"的能动性和崇高性。敬业，强调尽心竭力、精益求精；爱岗，重在倾情投入、恪尽职守，爱岗敬业的故事不仅感动着一批人，更多的是在影响着一批人、鼓舞着一批人。

涵养好品德

敬业，每个人创造人生价值、成就出彩人生的重要精神前提。《新时代公民道德建设实施纲要》中指出："推动践行以爱岗敬业、诚实守信、办事公道、热情服务、奉献社会为主要内容的职业道德，鼓励人们在工作中做一个好建设者。"①敬业乐业是中华民族的优良传统，也是中国伦理思想的精华。"春蚕到死丝方尽，蜡炬成灰泪始干"，是老师之于学生的敬业；"人生自古谁无死，留取丹心照汗青"，是仁人志士之于国家的敬业；"横眉冷对千夫指，俯首甘为孺子牛"，是共产党员之于人民的敬业……一个推崇敬业乐业的民族，必定是令人起敬的民族；一个弘扬职业理想的社会，必定是一个活力涌流、文明进步的社会。一砖一瓦砌成事业大厦，一点一滴创造幸福生活。新时代的"好建设者"，既能传承传统敬业美德，懂得"敬事而信""执事敬"，又能践行不忘初心、爱岗奉献、改革创新、精益求精的敬业新内涵，为经济高质量发展固本培元，为社会文明风尚凝心聚力。美好生活是奋斗出来的。在"崇德广业"的氛围中，以敬业之本守正职业初心，以爱岗之责履行职业使命，对于凝心聚力共创美好生活、实现中华民族伟大复兴具有重要意义。

一、敬业精神新故事

工作，不仅体现的是一种谋生手段，也蕴含着一种职业精神；岗

---

① 《新时代公民道德建设实施纲要》，北京：人民出版社 2019 年版，第 6 页。

位，不仅是"岗"加"位"的一个简单结合，更蕴含着一种责任与力量，体现着具有超越"蜜蜂劳动"的能动性和崇高性。我们身边的不少人，在平凡的岗位上做出了不平凡的事迹，涌现出一大批文明示范行业和敬业乐业的模范典型。敬业，强调尽心竭力、精益求精；爱岗，重在倾情投入、恪尽职守，爱岗敬业的故事不仅感动着一批人，更多的是在影响着一批人、鼓舞着一批人。

钟南山：病毒中逆行，为所有人拼命

据《广州日报》2020年1月21日报道，新冠肺炎病毒的防治备受关注。中国工程院院士钟南山教授再次临危受命，出任国家卫健委高级别专家组组长。他给出建议："我总的看法，就是没有特殊的情况，不要去武汉。"但1月18日傍晚，84岁的他还是义无反顾地赶往武汉防疫最前线。连日来，从广州到武汉再到北京，实地了解疫情、研究防控方案、上发布会、连线媒体直播、解读最新情况……84岁的钟南山院士工作和行程安排得满满当当。

1月18日，星期六，从广州赶往武汉。钟南山院士从深圳抢救完相关病例回到广州，当天下午还在广东省卫健委开会时，便接到通知要他马上赶往武汉。当天的航班已经买不到机票了，助手匆匆帮他回家收拾东西，直接到广东省卫健委会场跟他会合后便匆匆赶往广州南高铁站，挤上了傍晚5点多钟开往武汉的高铁。春运期间高铁票紧张，临时上车的他被安顿在餐车一角。一坐定，他便马上拿出文件来研究。晚上，快11点到达住处，他又简单听取了武汉方面的情况，满满当当的一天工作和行程才算结束了。

1月19日，星期天，从武汉赶往北京。上午开完会，出任国家卫健委高级别专家组组长的钟南山院士又前往武汉金银潭医院和武汉疾控中心了解情况。中午来不及休息，下午开会到5点，钟南山又从武汉登上飞往北京的航班。到达北京，他马上赶往国家卫健委开会，回到酒店，凌晨2点多钟才睡下。1月20日，星期一，又是高强度的一天。才睡了四个来小时，早晨 6 点多，钟南山院士便起床看文件准备材料，匆匆吃完早餐，一天高强度的工作又马上开始了：全国电视电话会议、新闻发布会、媒体直播连线……

敬业"勇士"：快递小哥送的不是快递，是救命的人啊！

汪勇是武汉的一名"80 后"快递小哥，堪称非常时期的敬业"勇士"。当新冠肺炎疫情汹涌袭来，他不顾个人安危，主动延伸快递业务，送金银潭医院医护人员上下班，送各种后勤保障物资，并召集更多的人一同加入"快递"队伍。

大年三十晚 10 点，汪勇突然刷到一名来自武汉金银潭医院护士的朋友圈，对方写道："求助，我们这里限行了，没有公交车和地铁，回不了家，走回去要 4 个小时。"需求是 6 点钟发布的，一直没人接单。他没敢告诉家人，花了一个小时做心理斗争，最后下定决心"去"。第一天他接送了接近 30 个医护人员往返金银潭医院，一天下来，腿抖个不停。但他算了笔账，一天接送一个医护人员可以为他节省 4 个小时，接送 100 个就是 400 小时，400 小时，医护人员能救多少人，怎么算都是赚的。为了提高运力，汪勇招募到 30 多个志愿者一起接送医护人员。中间他们跑坏了三台车，后来，六台车基本可以满足需求。但仍然不是长久之计，他又先后联系了摩拜单车、滴滴、青桔单车，给医院、酒店所有的点位投放车辆，解决了医护人员 2 公里左右的出行需求。为了解决三环以外金银潭医院医护人员的出行需求，汪勇联系滴滴把接单公里数从 3.5 公里以内直接更改为 15 公里以内。

汪勇和伙伴们还搞定了一家餐厅，以募集到的 2.2 万元，为倒夜班的医护提供泡面和水。后来有一个护士发朋友圈说，好想吃大米饭，他看到后心酸得不行，下定决心第二天一定让他们吃上白米饭。很快就有餐馆老板对接了，16 块钱一份，一天 100 多份。就餐问题解决了，但他又发现另一个新情况：对接餐馆的负荷太大了，产能也已经到顶。于是，他一天跑了 20 多家餐厅谈合作。

汪勇还组织大家给医护人员送生活物资。比如，眼镜片坏了，手机屏碎了，需要买拖鞋、指甲钳、充电器甚至秋衣秋裤，在群里通过接龙喊一声，很快就有专人采购。上海医疗队的两名医生过生日，特意买来蛋糕，过了一个难忘的生日；医院里空调不能开，医护人员最缺的是用来保暖的无袖羽绒服，他们把商超的羽绒服买得一件不剩，还从广州订了 1000 件。

汪勇他说自己没有任何资源，但一呼百应。一路走来，他特别感谢追随的志愿者和企业的帮助。

"上秒哭下秒笑"是最敬业变脸

据《华西都市报》报道，2019 年 2 月 12 日，四川泸州，春节期间，出入境办证迎来高峰期，泸州市公安局出入境管理支队所有民（辅）警上下班连轴转，确保各项业务顺利开展。因工作强度大、压力大，女警易霞背过办证柜台，悄悄地抹去眼泪，几秒后，她又面带微笑面对办证群众继续服务。无独有偶。1 月 25 日，在贵州毕节生机高速收费站，女收费员翁芯帮着推走故障车辆，以便清理车道，后面排队的司机不知情大骂其动作缓慢，刚工作不久的她被骂得委屈地哭了，但下一秒面对顾客时，她抹掉眼泪，坚持微笑服务。

都说"爱哭是女性的天性"。作为女性，易霞和翁芯因工作压力大、受委屈，哭一哭鼻子，发泄一下情绪，实为正常。然而，她俩的流泪只持续了瞬间，很快就转变成了一副微笑的面容，被人们称为"上秒哭下秒笑"。她们为何要"秒变"呢？是压力不够大，还是委屈不够深？其中的真实原因却是：易霞认为自己是窗口人员，不能哭丧着脸面对群众；翁芯则知道下一位顾客马上就要来了，她必须飞快地抹干净泪水，努力忍住抽泣，然后继续微笑服务。

除非是专业演员，一般人要做到"上秒哭下秒笑"并不容易，非专业演员的易霞和翁芯却真真实实地做到了。她们深深知道，服务窗口代表着单位的形象，服务的好坏通过自己各方面的表现直接暴露在公众面前。她们为维护单位形象、窗口形象和自身形象，而尽力克制住个人的情绪，不把不良情绪带给群众、带进工作，而把最美好的一面留给群众，努力为群众提供良好的服务。

成功无诀窍，功夫在平时。"上秒哭下秒笑"，把脆弱的一面给自己，而把微笑的一面给了群众，这也表明她们平时就让微笑服务理念融入到工作每个细节中，把微笑当成了一种服务习惯，从而做到无论是面对自身的压力，还是个别群众的抱怨，都能一直保持微笑服务。可以说，"上秒哭下秒笑"是最敬业变脸，是最美好、最动人的服务，体现了良好的职业道德素养，值得人们学习和点赞。①

古有为民请愿者，今有抗击疫情请命者。面对新冠肺炎疫情这一重大突发公共卫生事件，作为疫区的"逆行者"，国家卫健委高级别专家组组长、中国工程院院士钟南山，著名呼吸病学专家，中国抗击非典肺炎的领军人物，临危受命再战最前线，被誉为"民族脊梁"。快递小哥汪勇，在非常时期给武汉金银潭医院的医护人员开通快递通道、延伸快递业务，想方设法解决他们的后顾之忧，其心可鉴，其情可明，可谓是平时敬业，危时"勇士"。易霞和翁芯是普通的"小人物"，她们以服务行业动人的笑脸呈现"一事精致，便能动人"。职业的天空星光灿烂。敬业者以其强烈的责任心、高度的荣誉感、高尚的职业尊严，点亮了自己，也照亮了他人。当下，在新时代的征程中，并不是强求一个人必须殚精竭虑、死而后已，而是要求每个职业人心怀敬畏之心，在主观感情、本心意愿里，做到真诚爱其岗、热忱敬其业。一个人的能力有大小，职务有高低，唯有敬业乐业，才能收获精彩的人生，开拓美好的人生境界。

①　向秋：《"上秒哭下秒笑"是最敬业变脸》，《贵州日报》2019年2月22日。

二、敬业精神新内涵

新时代的敬业观，根植传统，面向时代，立足实践，呈现出不忘初心、爱岗忠诚、改革创新和精益求精的新内涵。这体现了社会大众对职业道德生活的价值追求，昭示了社会道德发展的新特点。

第一，敬业是不忘初心。党的十九大报告指出："中国共产党人的初心和使命，就是为中国人民谋幸福，为中华民族谋复兴。"党中央开展"不忘初心，牢记使命"主题教育，彰显了"不忘初心"在夺取新时代伟大胜利中的统领地位和伟大作用。爱岗敬业是不忘初心、牢记使命的最好诠释。初心和使命是爱岗敬业、事业成功的力量源泉。新时代建设者的不忘初心，是将党和国家的价值追求和执政理念转化为职业理想和职业信仰，实现与党和国家同频共振，成就理想升华的人生追求。具体而言，一方面，不忘初心激扬职业理想之帆。从唯物史观看，不忘初心就是坚持正确的价值导向，牢固树立为人民服务的思想。激扬职业理想之帆，在于把实现人民美好生活作为职业发展的新航标、新动能，把人民利益视为职业价值创造的衡量标准。在初心和使命的感召下，坚定职业追求，矢志不移，为理想去拼搏、奋斗，创造出无愧于时代的优良业绩，进而实现业以载道、业以济世的社会理想，托举起中华民族伟大复兴的中国梦。另一方面，不忘初心筑牢职业信仰之基。当今社会正处在风险社会和网络社会的叠加期，新时代征程面临着很多具有长期性、复杂性和艰巨性的问题，会遇到许多大事、难事。"天下难事，必作于易；天下大事，必作于细。"当今社会存在着信仰利己化、多元化、超验化、世俗化、娱乐化等信仰风险，这不利于职业观的正确树立。不忘初心，是化解和防范职业信仰缺失、弱化、迷茫的一剂免疫针、一盏航灯。坚守信仰，让每位公民树立平凡不平庸观念，无论处于顺境还是逆境，都不随波逐流、苟利蝇生，而在平凡中坚守，在坚守中实现职业理想和职业获得感。

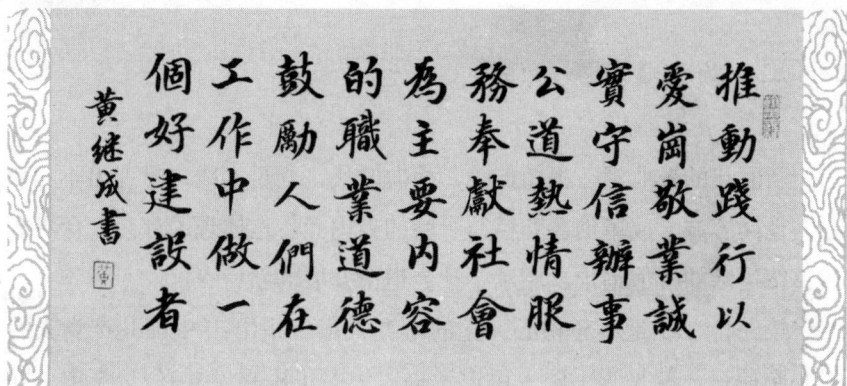

涵养好品德

推動踐行以
愛崗敬業誠
實守信辦事
公道熱情服
務奉獻社會
為主要內容
的職業道德
鼓勵人們在
工作中做一
個好建設者

黄继成書

　　第二，敬业是爱岗忠诚。习近平总书记在 2018 年新年贺词中指出："广大人民群众坚持爱国奉献，无怨无悔，让我感到千千万万普通人最伟大，同时让我感到幸福都是奋斗出来的。"① 爱岗和敬业，互为前提，相互支持，相辅相成。爱岗是敬业的基石，是在岗位上的默默奉献、忠于职守。具体而言，一是奉献。奉献社会是社会主义职业道德的本质特征。职业和工作岗位，不仅仅是人们赖以生存和发展的基础保障，更是人类生存和发展的基本需要。甘于奉献是职业尊严的基石，源于发自内心的热爱、敬畏和对工作不计回报的全心付出。"凡职业没有不是神圣的，所以凡职业没有不是可敬的。"工作需要用生命去守护，怎能去懈怠它、轻视它、践踏它呢？在本职岗位上默默奉献，不仅使人们从中体会到获得感、幸福感和荣誉感，更能感受到迸发出的创造力、凝聚力和感召力，以及推动社会发展的强劲动力。近年来涌现的"最美教师""最美战士""最美护士""最美司机"等"最美人物"，展现了优秀的职业品质，标注了无私奉献的职业道德高度。二是忠诚。天下至德，莫大乎忠。忠诚自古至今都是仁人志士追求的人生信念。忠诚之人同党和国家保持统一，信仰坚定，忠于职守，始终如一，矢志不渝。担当蕴涵忠诚，实干承载忠诚。困难面前勇挑重担，关键时刻担当作为，危难面前

---

① 《习近平主席新年贺词（2014—2018）》，北京：人民出版社 2018 年版，第 3 页。

挺身而出，是对忠诚的最好诠释。尽忠报国是革命军人的天职，"忠诚、干净、担当"是新时代好干部的核心标准，"忠诚、执着、朴实"是"共和国勋章"和国家荣誉称号英雄模范的鲜明品质，"忠诚、勤奋"是普通人的人生本色。"核潜艇之父"黄旭华、"中国的氢弹之父"于敏用一生诠释"绝密忠诚"，做隐姓埋名人、干惊天动地事，展现了伟大的无我境界。

第三，敬业是改革创新。习近平总书记在两院院士大会中指出："创新决胜未来，改革关乎国运。""自力更生是中华民族自立于世界民族之林的奋斗基点，自主创新是我们攀登世界科技高峰的必由之路。"①我国传统敬业价值理念，不可避免地带有保守狭隘、故步自封、排斥竞争、缺乏合作的特点。党的十八大以来，敬业在全面深化改革的实践中凸显新内涵，表现为求新求变、向前向上的精神、工作理念的革新、工作方式的转换、注重效率和实绩的提升等方面。一方面，将改革精神融入敬业。在全球化、信息化和城市化的浪潮之下，职业结构、职业构成和工作方式发生了深刻的变化，折射出社会结构的变化、产业的转型以及生活方式的转变。敬业主体顺应历史潮流，积极应变，主动求变，促进主体人格完善，提升社会认可度。如，在知识经济和"互联网+"时代，一批批不断涌现的新职业者，将改革气质融入敬业精神中，展现出崭新的职业理念和独特的职业追求，并将此内化到社会精神领域的深层，为社会主义现代化提供强大的内在动力，最终促进社会发展和人的发展。另一方面，将创新精神融入敬业。创新是引领发展的第一动力，是民族进步的灵魂。我国建设创新型国家，实施创新驱动发展战略，推动实施"大众创业、万众创新"旨在"让人们在创造财富的过程中，更好地实现精神追求和自身价值"。敬业主体的追求与价值在于，敢为人先，勇于打破常规，敢于攻坚克难，发现新事物、探索新领域，实现超

---

① 习近平：《在中国科学院第十七次院士大会、中国工程院第十二次院士大会上的讲话》，北京：人民出版社 2014 年版，第 13、10 页。

越和发展；尊重规律、讲求科学，运用新理念、新模式。"中国芯""中国桥""中国港""中国路"等更多更好的"国字号"成果体现了爱岗敬业者眼光高远、视野开阔、敢闯敢试、实业兴国的创新品质。

第四，敬业是精益求精。党的十九大报告提出："建设知识型、技能型、创新型劳动者大军，弘扬劳模精神和工匠精神，营造劳动光荣的社会风尚和精益求精的敬业风气。"当前我国加快建设创新型国家，富有敬业精神的建设者是跑出中国创新"加速度"的核心竞争力。新时代的建设者，以"产业强国""技术报国"涵养敬业情怀，以孜孜以求、追求卓越来淬炼技艺、磨砺意志，成为行家里手、能工巧匠和大国工匠。一方面，不断提升业务能力、精雕细琢。在技术全球化浪潮中，每一个平凡人在自己的工作岗位上不断迎接新的挑战和机遇、不断学习新的工作技能。要做好工作，就要干一行，爱一行，钻一行，精一行，"把简单的事情重复做，把重复的事情用心做"。只有勤学苦练、用心钻研、追求卓越，做高品质产品的制造者，才能以技术水平进步的硬核实力带来职业自豪感、荣誉感。如我国技能人才多次站在世界技能大赛的领奖台上，展示了中国技能的国际水平，诠释了追求极致和完美的敬业精神。另一方面，坚持不懈、久久为功。久久为功，蕴含着中华民族几千年的精神品质和深沉积淀。蕴含久久为功精神的敬业，是美好的德行，守得住寂寞，经得起诱惑，专注笃行，利在长远，善作善成；涵养久久为功毅力的敬业，是板凳甘坐十年冷的态度、咬定青山不放松的韧劲，是持之以恒、锲而不舍的精神。当前，敬业精神还要有"功成不必在我"的提升境界和"功成必定有我"的使命担当。

三、敬业精神新问题

2013年，国际调查机构发布了两个涉及中国员工的数据。一个是德国著名市场调研机构 GfK 对 8 个国家的 8000 名员工进行的"哪个国家的员工最勤劳"专题调查。勤劳的衡量标准包括劳动时间、强度、创新和产品潜力。专题调查得出这样的排名：中国、德国、美国、加拿大、英国、印度、荷兰、法国。以每周平均工作时间为例，中国员工是 44.6 小时，随后的德国员工是 35.5 小时。中国员工平均带薪假 10 天，德国员工是 25 天。由此中国员工被视为"世界勤劳冠军"。另有一个是盖洛普公司进行的调查，该公司公布 2011—2012 年全球雇员对工作投入

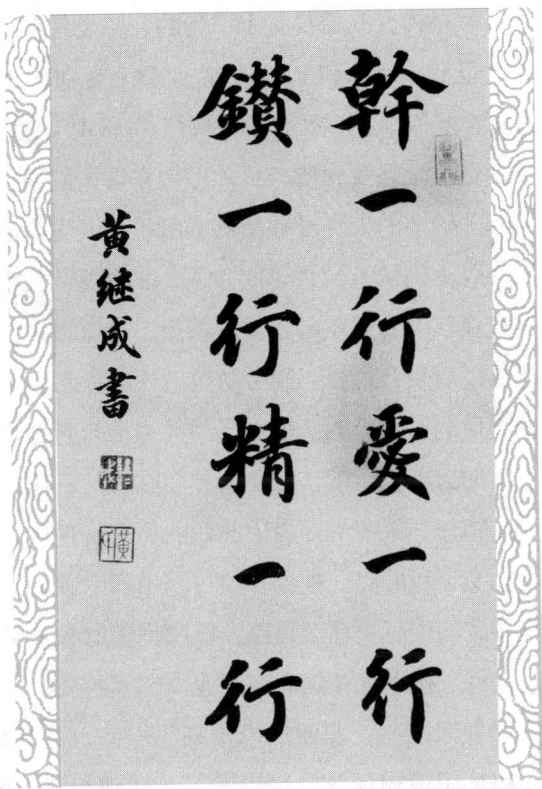

程度调查结果，该调查针对 142 个国家和地区的员工，根据工作投入程度被分为敬业、漠不关心和消极怠工。全球员工敬业比例为 13%，中国员工敬业比例为 6%，其中办公室员工的敬业程度更是低至 3%，世界最低。尽管与盖洛普公司 2009 年公布的调查结果相比，中国员工的敬业度在上升，但仍然"全球垫底"，是美国的五分之一。①

　　另外，樊浩教授在全国范围内做的一项针对公务员、企业员工、知识分子、青少年、弱势群体（如失地农民、下岗工人、低收入者、城市农民等）、新兴群体（如独立经纪人、自由职业者、传媒制作人等）的伦理道德状况的调查显示：六大群体中有 62% 的受访者认为当前职业道德中最突出的问题是，把职业仅当作谋生的手段，缺乏对社会的责任感

---

① 公方彬：《中国员工"最勤劳"与"最不敬业"的逻辑》，《企业文明》2014 年第 8 期。

和奉献精神。其中仅有 18.3% 的公务员将敬业视为职业生活中的首要德行，仅有 16.5% 和 9.9% 的企业员工分别认为自己有强烈的社会责任感和奉献精神，54.7% 的新兴群体和 38.4% 的大学生认为工作中最重要的美德已被金钱观念所淡化，即使在被人们期于厚望的知识分子群体中也只有 37.4% 的人将对社会的奉献视为人生价值所在。①

以上的调查结果，引发人们的忧思。"最勤劳"与"最不敬业"之间存在巨大的反差与矛盾，甚至不合逻辑，但我们深入分析便发现二者既不矛盾也合逻辑。勤劳与敬业既有联系也有区别，相比较而言，敬业受物质利益的影响，但更受精神追求与超越物质享受的价值观念与人文修养的影响。当前，敬业精神面临新的时代问题。

第一，快节奏社会中的职业焦虑。现代人的焦虑是由现代社会多元文化交汇和冲突、社会转型过程中新旧观念冲突与个人生活失调等原因所导致的，有生存型焦虑、归属型焦虑和发展型焦虑等。职业焦虑正是现代性危机下生存焦虑在职业岗位上的映射，是人的心理或病理层面上的亚健康征兆。职业焦虑带来了一些行业相悖于敬业精神的现象，不仅败坏了道德风气，也引发了矛盾纠纷，影响了社会和谐。主要表现为，一是失去热情、逃避挑战。快节奏的社会里，职业压力大，精神紧绷，工作高速运转，工作节奏快，工作时间无规律，熬夜、加班是常态，"五加二""白加黑""九九六"工作制盛行。这带来了日渐袭来的疲惫、懈怠、麻木感，以及困扰职业主体的迷离、茫然、无措等情绪，导致对职业失去热情，出现推卸责任、抗挫力差、频繁跳槽、"闪辞族"等现象。二是本领恐慌，自我效能意识低。根据知识折旧定律，一年不学习，一个人所拥有的全部知识就会折旧 80%。本领恐慌，就会陷入少知而迷、不知而盲、无知而乱的困境，能力与岗位不相匹配，导致工作方向迷茫、心力交瘁。三是缺乏精益求精的工匠精神。有些人在工作

---

① 樊浩：《中国伦理道德报告》，北京：中国社会科学出版社 2012 年版，第 384—510 页。

中粗制滥造、敷衍了事，有些人投机取巧、眼高手低，甚至还有人挑战职业底线，触犯了道德基本原则和法律。因此，急需从多重视角深入探寻职业焦虑的深层原因与特殊意义，重构职业人整全的心灵图景与精神家园，走出职业焦虑的困境。

第二，多种思潮影响下的职业信仰淡化。传统职业道德的现代境遇不容乐观，而各种思潮的涌现淡化了职业信仰。职业首先被视为谋取经济利益的工具或者仅仅成为谋生的手段，责任感使命感淡化、劳动对人本身的意义弱化。职业人在精神价值抉择上的困惑，导致在日常生活中追求享乐、罕有奉献，对他人冷漠、讲求利益至上、认同实用主义，漠视高尚道德。一方面，西方社会一系列后现代思潮对我国马克思主义的指导地位、对职业主体的行为方式、思想观念、价值选择等造成了较大的影响。西方文化削弱了人们对中国本土文化的认同的同时，夹杂在其中大量的自由主义、消费主义、享乐主义、个人主义、拜金主义等价值观念挤压了社会主义敬业价值观的生长空间。另一方面，近年来兴起的"佛系文化""丧文化"等亚文化冲击了我国年轻人的敬业价值观。"丧文化"的发酵反映了当下中国青年群体意义追寻的迷茫与彷徨，丧失批判力与行动力、无力将个人与历史联结、陷入自恋主义的退缩型主体，呈现出职业追求上的"颓废"风格。"佛系文化"倡导看淡一切、不争不抢、得过且过的生活方式，也极大地消解了职业热情。2015年4月14日，一封内容为"世界这么大，我想去看看"的辞职信被誉为"史上最具情怀的辞职信，没有之一"，这成为职业人自由任性、向往后现代"新生活方式"的重要代表。

第三，制度保障不健全导致的职业失范。制度是一种公共理性，与个人的道德理性相比，制度的道德理性更为稳定。因此，对于制度伦理来说，以正义战胜不公，让仁爱战胜冷漠，让平等战胜特权，才能确保社会生活的基本秩序，守住社会的基本道德。正义而合理的制度是维护职业道德的中坚力量。"制度好可以使坏人无法任意横行，制度不好可

天下難事
必作於易
天下大事
必作於細

黄继成

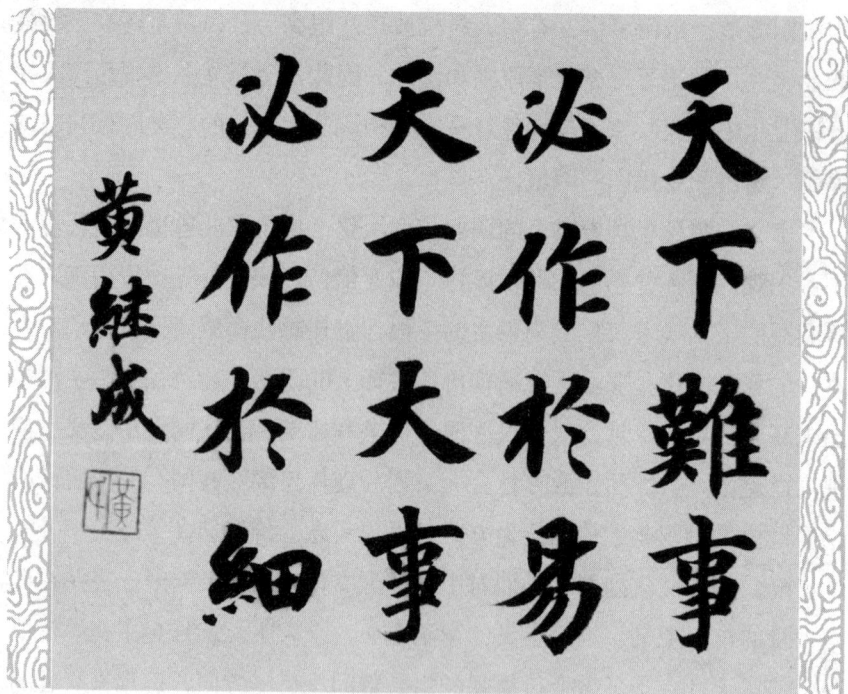

以使好人无法充分做好事，甚至会走向反面。"[1] 社会转型期，制度保障不健全现象依然存在。一方面，职业道德的激励约束制度不完善。2019年，我国人均 GDP 超 1 万美元，但仍属于发展中国家，尚处于财富积累阶段。目前我国社会存在的个人收入差距拉大、城乡收入差距凸显、地区收入差距拉大等贫富差距、劳动报酬持续走低等现象，冲击了按劳分配的正义原则，引发了社会心理的失衡，消解了人们对工作的热情和动力。一些行业薪酬制度不合理，没有切实可行的职业道德评估标准，管理创新、技术创新制度不足，导致职业人的竞争和责任意识不强，工作内驱力不足。另一方面，福利保障制度和相关监督机制的不完善。一定程度上导致了人们采取选择性的敬业行为，而非自觉履职。制度保障的不完善在一定程度上使得败德行为和违法行为在某些领域呈现出高发

---

① 《邓小平文选》第二卷，北京：人民出版社 1994 年版，第 333 页。

或多发趋势。要减少和消除职业领域的败德和违法现象，仅仅通过唤醒或激发职业主体良知是远远不够的，只有改进和完善现有的制约和监督制度，用强制性的制度措施来规范和约束职业人，才能构筑起预防和惩治败德行为和违法行为的长效机制。

四、敬业精神新实践

习近平总书记强调：要坚守高尚职业道德，多下苦功、多练真功，做到勤业精业；崇尚实干、力戒空谈、精准发力。在强调综合实力竞争的当下，我国积极破解当前职业道德"糟透了"与"好极了"并存的现象①，让职业道德向好向优，成为经济社会发展的倍增器，从而提高整个社会文明程度与发展水平。

第一，对新职业的创新性探索。新职业的兴起得益于迸发的市场需求和技术变革，自 2004 年建立新职业信息发布制度以来，在我国被正式确认的新职业已有 13 批 135 个。新职业从小众走向大众、从不为人关注到受人瞩目，新职业者主动适应变革，大胆拥抱新职业，以其敬业新实践引领时代风尚。一方面，职业生活的个性化探索。新职业者逐步摆脱传统社会和集体规约的囚缚，在职业发展、生活成长、价值形塑等方面自主抉择、自行决策，以探求更具挑战性的人生为目标，创造性地挖掘职业内涵，拓宽职业领域。新职业主体对职业生活的创新性探索既是对自我人生价值的积极追求，又为更多人带来多样的就业选择机会，实现了我与他者在职业生活的创造性融合。另一方面，多个职业领域的跨界探索。斜杠青年在职业舞台上悄然崛起，他们不再满足于单一的职业活动，而是追求职业多样化，拥有多重职业身份，成为复合型人才。他们跨越职业活动的界限，将多元生活方式和多样价值选择包含其中，比如这样的身份标识：公司高管 / 律师 / 花艺培训师 / 社交达人 / 义工活

---

① 萧海川：《别再让职业道德成为新时代短板》，《劳动者报》2018 年 5 月 16 日。

动组织者。斜杠青年的职业身份不是天然形成的，而是青年自适能力增强、自主建构能力凸显、技能反哺能力提升、职业榜样多元的确立、职业价值寻求的彰显等综合归因衍立而成的。①

第二，对敬业精神的积极培育强化职业道德教育。"经济发展得太快，灵魂快要跟不上了。"这句话凸显了我国当前包括职业道德在内的精神文明建设的重要性和紧迫性。我国的职业道德教育以马克思主义为指导，根植中国传统文化沃土，与市场经济发展相适应，并吸收人类一切优秀文明成果。对敬业精神的积极培育强化职业道德教育，以个人的职业认同教育为出发点，端正职业态度、强化职业情感、历练职业意志，着力培养职业理想和信念。一方面，运用职业道德的思想教育资源。我国除了记者节、护士节、教师节、医师节等行业性节日，还设立了中国品牌日、全国"科技工作者日"，杭州设立首个"工匠日"等。我国现已建成世界上规模最大的职业教育体系，不论是职业教育还是职业培训，职业道德都是职业教育质量综合评价制度的核心指标之一。清华大学等高校将学术规范和职业伦理纳入了研究生的必修课，规定学完"职业伦理"才能毕业。2014 年开始，上海等地开展学生职业体验日、主题式的职业体验活动，创设生动的职业场景，以加强职业体验为抓手厚植职业素养，让未来职业人进一步明确职业意向。企业将"员工敬业度"成为组织管理的切入点，寻求员工与组织价值观的契合度。同时，以"不忘本来、吸收外来、面向未来"为理念，借鉴勤劳严谨、勇于创新的"德国制造"等各国职业道德建设的好做法，推动我国职业道德建设的创新发展。另一方面，把工匠精神融入教育教学各环节。工匠精神是职业道德的精髓。从培育敬业精神、劳动观点、合作意识、规则理念、清廉形象等入手开展教育，倡导"幸福源自奋斗""成功在于奉献""平凡孕育伟大"的理念，弘扬劳动精神、劳模精神、工匠精神、

---

① 敖成兵：《斜杠青年：一种"互联网+"时代的职业身份解码》，《中国青年研究》
2017 年第 12 期。

崇尚实干 力戒空谈 努力精进 发力 硅朱

优秀企业家精神、科学家精神等，将职业道德教育落细落小落实，其中，《我在故宫修文物》《舌尖上的中国》等节目对弘扬工匠精神起到了很好的传播作用。

第三，对职业道德建设的制度保障。作为特定伦理观念的凝结和沉淀，制度对人们的道德观念的预制和引导是潜移默化和无处不在的。以敬业为导向的制度伦理建设，就是遵循以人为本的原则来制定和衡量职业道德制度。其一，进一步完善劳动就业、收入分配、社会保障、医疗卫生、扶贫济困、社会救助、职业规范等方面的法律法规。通过法律对超越法律和道德底线的追逐利润行为惩治，化解"资本逻辑"无限追逐利润的道德悖论，形成尊重劳动、尊重职业的职业法治文化。如，2016年4月10日，首例违反社会工作者伦理规范的"郭社工"事件，运用社会工作伦理规范来处理社会工作者。公安部开展"天网行动""猎狐行动"，最高检开展"职务犯罪国际追逃追赃专项行动"，以表明奖惩分明、毫不姑息的力度与态度，体现法律和道义上的正义。其二，建立"德得一致"的职业道德激励制度，用制度性的公共力量来推广和维护职业道德，激励从业人员热爱职业，做好本职工作。我国已建立了以"五章一簿"为主干的统一、规范、权威的功勋荣誉表彰制度体系，充分发挥党和国家功勋荣誉表彰的精神引领、典型示范作用，推动全社会形成见贤思齐、崇尚英雄、争做先锋的良好氛围。建立履职宣誓制度，公务人员、人民陪审员、银行从业人员等群体通过开展集体宣誓活动，推动从业人员提升职业认同感进而履行敬业精神。其三，建立内外部的监督制度。包括舆论监督、社会监督员监督以及新闻媒体监督的外部监

德品放

督形式，以及自我评价为主的内在监督形式。推进联合奖惩机制建设，针对安全生产、食品药品、互联网等重点行业领域的失德败德行为，多个部门联合采取惩戒措施，不断完善惩戒失德行为的常态化机制。

[第五讲]

以慈善之心壮大公益力量

　　从"公"和"益"两大逻辑展开：公益之"公"，应是"双界"的有机统一，既要追求"我在其中"的无界公益，更要践行"其中有我"的全界公益；公益之"益"，须求"三化"的并驾齐驱，将"益"细化、深化、优化。

涵养好品德

　　公益慈善是个体作为独立人格呈现的一种德性生活方式，是社会个体主动自觉参与公共领域的一种道德选择。乐善好施是我国的传统美德，在新时代，公民道德建设对公益慈善的传承也提出了新的要求。在《新时代公民道德建设实施纲要》中，"公益"是和"慈善"并列出现的重要词条，成为新时代公民道德建设的重要组成内容。《纲要》中提出要"倡导忠诚、责任、亲情、学习、公益的理念"①，并针对新时代的网络公益的蓬勃发展提出"激发全社会热心公益、参与慈善的热情"②的期许。习近平总书记指出，要在加强公民道德建设的同时，普及慈善意识，传播慈善文化，弘扬优良传统美德，通过广泛开展慈善活动，聚集广大群众广泛参与，推进社会文明程度和道德水准的提高。大国善治，推动我国现代化建设和公共治理的转型，是新时代的重要主题。以公益精神为基础，参与解决转型中国"真实社会问题"的公益慈善，是推动当代中国公共治理进步的重要渠道。从我做起，从力所能及之事开始践行公益慈善，继承乐善好施的传统美德；心系家国，对标新时代坚持和发展中国特色社会主义的总任务，确定公益慈善的时代之锚；扩大辐射，用自身行动，敢于创新，为社会公益慈善大厦添砖加瓦。这是新时代公益慈善的初衷所在，也是新时代社会公共治理的力量之源。

---

① 《新时代公民道德建设实施纲要》，北京：人民出版社 2019 年版，第 11 页。
② 《新时代公民道德建设实施纲要》，北京：人民出版社 2019 年版，第 21 页。

一、公益之心新故事

"老吾老以及人之老，幼吾幼以及人之幼。""只要人人都献出一点爱，世界将变成美好的人间。"相恤相助、矜贫救厄的公益情怀是人类的宝贵情感，是渗入到我们生活点滴的传统美德。今日，在"百年未有之大变局"的世界趋势前，我们是休戚与共的命运共同体，公益之心渗入到鲜活温暖的公益故事里，在我们身边广泛流传，展现出同舟共济的公益精神，抒发了公民心系家国的公共情怀……正是因为有这样的你我他，才一次次点燃了我们对构筑美好生活的希望与信心。

彭传发：九旬拾荒老党员，累计捐款逾百万

在湖南澧县火连坡镇观音阁居委会，居民们每天都可以看到一位瘦小的老人拎着黑袋、蜷着身子，分拣由拾荒人送来的废品。他就是火连坡镇乡镇政府退休老干部彭传发，一位1930年出生的老党员。

彭传发出生于贫困之家，不到9岁就已经开始捡石灰、当挑工，自幼便深知底层民众的艰辛。后来几经波折，彭传发的生活才有了温饱起色，自己也在解放初期就参加了革命工作，在火连坡镇乡镇政府任职，接触到更多的困难群众。他总是在寻思，自己怎样才可以帮助到更多的人。1985年退职后，彭老开始了自己的拾荒捐助之路，这也是他为何每月领着数千元的退休金，却坚持分拣废品换钱的原因，是因为他把大部分积蓄都捐赠给了社会。火连坡中学年久失修，窗户破裂漏风，学子们饱受严寒之苦，他得知后立即购置并送去配套的玻璃；周围群众用水困难，他倾其所有，出资40万元修建了一座水塔，并自费制作巨型指路牌，方便居民们认路；汶川和玉树地震期间，他已腿脚不便，仍特地委托女儿为灾区捐款2万元……30多年来，彭老累计捐款超过100万元。已是耄耋之年的他仍在坚持这份善举，被乡亲们称为澧县"第一好人"。

每当谈及慈善助人，彭老经常将这几句话挂在嘴边："钱再多，自己够用就行，多的都为大家做贡献，同样，有了钱不能光为自己的子女，首先得感激党和政府的政策。""我的党员身份是党给的，信仰也是党给的，而我，为党只是做了我的分内事。"永远跟着党走，永葆共产党员初心，是彭传发价值观的核心准则，他只不过做了普通的坚守而已，但就是这看似普通却不平凡的事迹，透露的都是老人一如既往的坚持与浓浓的爱心，传递着老党员同志的美德和担当。只要能为党和国家多尽一份责任，只要能帮助到有需要的人和机构，一切就都值得，这是彭老的人生信念，也让他的人生绽放无私良善的大爱之光。

官文宾：背着书柜进大山，做助学公益的践行者

官文宾，"担当者行动"创办者，一位致力于为乡村儿童推广阅读的公益创业人。1982年，官文宾出生于福建省安溪县长坑乡福春村的一个普通农家，2008年，从厦门大学新闻系研究生毕业的官文宾，放弃到国家级媒体工作的机会，选择回到乡村开启"担当者行动"的公益助学项目运作。这一举动，一时间让身边人错愕不已。人生的选择，看似偶然，实则必然。官文宾选择全职公益创业，是他内心价值选择和理性判断的结果。

官文宾自幼喜欢阅读，他因阅读接触文学，因文学了解社会，一直关注着时代的发展。2006年暑假，官文宾在张同庆老师的带领下到宁德霞浦进行"农村义务教育调查"。调查中，他发现城镇化使得青壮年纷纷进城务工，农村里只剩留守老人和儿童，教育和交通建设颇为滞后。"未来社会所需要的获取及整合信息能力、想象力、同理心，阅读都是基础……从那些孩子脸上，我看到了他们通过知识改变生活的渴望，就像小时候的我。"此次调查，让官文宾意识到传统的支教模式已难以解决当下乡村基础教育的问题，也催生了他创建专业化乡村助学教育公益组织的念头。这一想法和张同庆不谋而合，2009年，

官文宾、张同庆等几名早期发起人凑足 3000 元开始全职公益创业。"担当者行动"拉开帷幕。

全国首创"班班有个图书角"阅读助学项目是"担当者行动"最早推行的公益模块。当时国内尚没有儿童阅读的分级制度，团队把在版的以及近十年畅销的儿童书籍按照儿童阅读年龄进行分类。此后，团队先后启动"未来英才夏令营""阅读与成长讲坛""阅读领航员教师成长计划"等项目，通过高品质的儿童图书捐赠、乡村教师成长支持、儿童阅读课程支持、专家志愿者支持构建起可持续的"基础服务＋深度服务"公益助学体系。

十几年来，"担当者行动"的捐赠额从最初的 3000 元，累计达到 9000 多万元，项目服务学校从 1 个学校到全国 30 个省份 3815 所学校，为 150 万名中国乡村孩子送去了好书的陪伴。团队也获得"4A 级社会组织""中基透明指数（FTI）满分基金会"等荣誉称号，得到了社会各界的大力支持和信任。用阅读点亮山区，用知识传播力量。当乡村助学从一个脑海构想演变为具体行动、升华为一个传承项目，官文宾用自己的真诚和行动诠释着公益信仰和时代担当。

菜农"大树哥"：网络直播实现"爱心接力"，众筹 10 多万斤蔬菜支援抗疫

2020 年的春节，因为突如其来的新冠肺炎疫情让焦灼的情绪在全国蔓延。在这个特殊时期，疫情防控成为攻坚工作，而湖北武汉作为疫情重灾区，时刻牵动着全国人民的心。2020 年 1 月 30 日，4 辆川 F 牌照的红色大货车，开下沪蓉高速，在湖北武汉汪集收费站出口集合。车上密密匝匝，是共计 14 万斤的蔬菜。这些蔬菜在四川什邡装车后立刻出发，昼夜不停开了 20 个小时，直接送达被新冠肺炎疫情笼罩的武汉。而这些蔬菜的捐赠，得从这名来自四川什邡的网红菜农"大树哥"说起。

"大树哥"本名潘大树，是四川什邡师古镇的一名新型职业农民，

2020年种植了50余亩的上海青、萝卜等时令蔬菜。作为一个1988年出生的新农人，他平日里爱好直播，经常会以拍摄直播视频的方式更新生活状态。黑色风衣、大背头配上挺拔的身形，镜头中的"大树哥"算得上英俊，拥有一批自己的粉丝，俨然是当地的一名"网红农人"。1月28日，"大树哥"在直播间和网友聊天时，了解到武汉在疫情期间非常缺乏新鲜的蔬菜，于是他在网上发布信息，承诺给武汉人民捐献10万斤蔬菜。对于为何选择向武汉捐菜，"大树哥"这样表达自己的初心，也代表和他同行的无数四川人始终未忘的感恩之心。"汶川大地震的时候，我们吃的穿的还有房子，都是外地人帮忙的。现在，我也该为别人做点什么。"

为了证明自己不是吹牛，"大树哥"想方设法寻找蔬菜运输、接收渠道。然而，凭他一己之力，很难跨越1200公里，将蔬菜送到武汉。于是，"大树哥"开始在直播中求助，并找到封面新闻公益平台帮忙。在网络传播的帮助下，捐菜事宜被进一步推进，当地村民、物流公司陆续向他伸出援助之手来表达对武汉的支持，大大提高了蔬菜收割效率，缓解了运输难题。此外，"大树哥"的捐菜行动也引起了两地政府部门的关注，鉴于目前什邡本地蔬菜供应充足，当地农业部门呼吁更多专业合作社加入爱心行动，同时对相关物资进行协调。武汉市政府部门也主动与他联系，表示可以接收、发放蔬菜，对其行为表示支持。与此同时，"大树哥"也将跟进信息同步更新到网上，新疆、苏州、上海、重庆……越来越多的人被这场爱心接力赛打动，加入到助力和关注的行列。目前这批10多万斤新鲜蔬菜已采取"采收一批，装运一批"的方式抵达武汉，交由当地相关部门统一调配，"大树哥"也继续他的直播，和诸多爱心人士一同继续关注武汉，守护人间大爱。

没有一个冬天不可逾越，没有一个春天不会来临。无论是拾荒老人彭传发数十载心系村民，拾荒捐赠逾百万元，在公益坚守中诠释了共产党员"为中国人民谋幸福，为中华民族谋复兴"的初心使命；还是公益创业者官文宾饮水思源，背着书柜进大山，践行平凡而又宝贵的公益梦；抑或是网红菜农"大树哥"运用网络直播实现"爱心接力"，力所能及地为支援疫情防控作出自己的贡献……在这些可爱的人身上，我们看到了"不计报酬"的凛然大义，感受到"与子同袍"的团结一心，他们尽己之力、心系公益的举动，温暖了人间。只要有爱，有担当，公益其实就在我们身边，每个人都可以是生活中的热心人，公益故事的楷模亦是普通人的模样。

二、公益之心新内涵

公益慈善作为世界上古老且普遍的思想与行为，是人类文明进步的一种重要形式。中国特色社会主义进入新时代，公益慈善的具体内涵也在不断丰富，呈现新的时代特征。唯有与时代发展、民族复兴同频共振，全方位理解新时代公益的内涵与特征，才能让公益慈善的美德在新时代入脑入心入行。

"公益"一词最初由日本学者冈幸助始在《慈善问题》一书中提出使用。书中将西文的"Public Welfare"译为"公益"①。"公益"之"公"，表现为"公众的""公共的"，更强调一种"共同的、集体的、人性关怀"②。"公益"之"益"，包含着人类对健康、幸福、繁荣（good health、happiness、prosperity）等的美好向往与追求。"公益"是相对于"一个人之私利、私益"而言，指的是社会组织或社会个体出于对社会的使命责任感，动员政府之外的社会力量或社会资源，追求公共利益的活动，内蕴着公民对共同善的向往。"慈善"翻译成英文为"Philanthropy"，

---

① 秦晖：《政府与企业以外的现代化——中西公益史比较研究》，杭州：浙江人民出版社1999年版，第168—169页。

② 李春成：《公共利益的概念建构评析——行政伦理学的视角》，《复旦学报（社会科学版）》2003年第1期。

本意是"爱人类"。在中国古代典籍中,《魏书崔光传》曰:"宽和慈善,下作于物,进退沉浮,自得而已"。此处为我国关于"慈善"二字合成使用的最早载录。"慈善"解释为仁慈、富有同情心,到近现代,主要是指社会组织或社会个体自发自愿地进行扶弱济贫、奉献爱心的一种行为。总体而言,"公益"致力于在政府力量之外主动谋求公共利益的满足与维护,优化或重建社会结构与关系,解决或改善社会问题;"慈善"更侧重于帮助因社会问题陷于困境的个体获得正常的生存与发展权利。虽然词源与内涵存在一定差异,但"公益"与"慈善"旨归相通,均传递出人类对生命以及对世界的大爱。在新时代,我国公益慈善的内涵在公益主体、公益内容、公益路径三个维度上不断丰富,呈现出新的时代转向。

一是从"独善其身"到"兼济天下",新时代的公益主体在不断扩大,普通人都可以有公益之心、公益之行。新时代的公益慈善呼唤的是一种参与精神,海德格尔曾经说过,人的世界是共同世界,人在世界中就是与他人共同存在①。个人寻求的归属感、认同感和社会责任感,唯有在公共生活的参与中才能实现。新时代的建设属于每个人也需要每个人,而公益慈善活动,正是新时代公民参与和建设社会公共生活的一种有效方式。或许,在当下仍不乏有人片面地认为,公益慈善就应该是富人的事业或者说强者的责任。但事实并非如此,参与公益,建设美好家园,每个人都是最大的、真正的受益者,而作为社会的一员,谁都应该或者说有机会和能力参与到公益慈善行动中来。早在1995年,哥本哈根社会发展首脑会议上,就把"参与"列为良好管理的基本形式和发展的基本标志,而在我国,注重点滴行动与参与精神的"平民慈善"亦不是空穴来风。拾荒老人彭传发、农村公益创业者官文宾、助学羊肉串摊贩阿里木江·哈力克等公益"草根"人物用他们温暖的事迹照亮尘世微

---

① [德] 海德格尔:《存在与时间》,陈嘉映等译,上海:上海三联书店1987年版,第146页。

光。在杭州举办的"全球XIN公益大会"上，联合国前秘书长潘基文和马云等人以"相信小的伟大"作为大会主题，大力倡导"人人参与"的公益文化……这一切均揭示出，新时代的公益慈善绝不是富人、社会精英的专属，再微小的参与亦能聚沙成塔。公益慈善能够在全社会传递温暖，传递力量，助力于我们更快迈进富强民主文明和谐美丽的社会主义现代化强国。

二是从"物质文化"到"美好生活"，新时代的公益活动形式在不断丰富，捐赠、点赞、有礼、守规都可以是公益的表现。伴随着时代的发展，过去以扶危济困等为核心的公益慈善，如今已不再拘泥于财物捐赠，或者表现为对某些具体对象的帮扶，而是在主题和形式上越来越明显地展现出"为公"的特性：无论是聚焦公众健康、关爱老人、农村发展、关爱残障、教育发展、妇幼保护的民生领域，还是注重环境保护、低碳环保、新能源普及等生态领域，均可作为新时代公益慈善的主题；社区服务、知识传播、紧急援助、青年服务、社团活动、专业服务、文化艺术活动国际合作等，都可以是公益慈善活动的载体。在全面建成小康社会的攻坚收官阶段，广大企业致富思源，义利兼顾，自觉履行社会责任是一种公益；校园学子家燕归巢，在社会实践和志愿服务中感知家乡变化成为青春建功新时代的最美风景；在汶川大地震、新冠肺炎疫情等国难天灾前，奔赴前线的"最美逆行"志愿者诠释

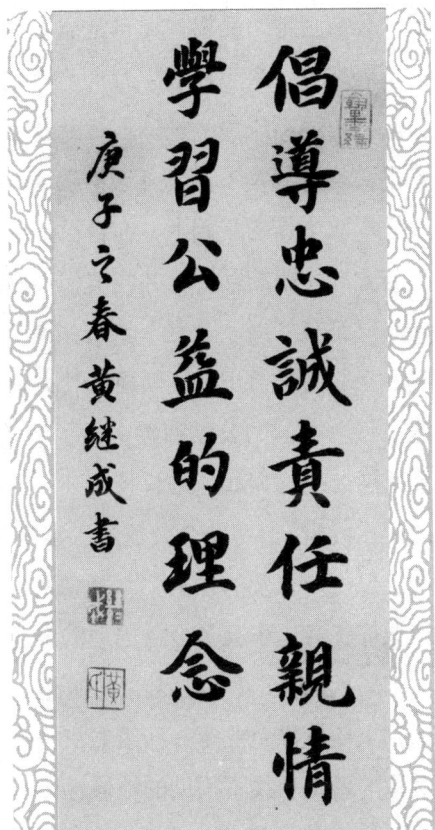

倡导忠诚责任亲情

学习公益的理念

庚子之春黄继成书

了"公益精神"品格，而自觉居家隔离，配合国家疫情防控的居民们何尝不展现着"众志成城，万众一心"的力量……时至今日，可以说，公益慈善正逐渐成为一种体现社会善意和温暖的生活方式，在这种生活方式里，公益慈善不再带有"物质至上"的有色滤镜，而是每个人可以在做好本职工作的基础上，在自己的生活世界里发挥所长，选择多样化的参与方式，团结互助，共同建构美好生活。

三是从"线下公益"到"线上公益"，新时代的公益路径在不断拓展，互联网公益正在不断蓬勃壮大。在过去的十多年，随着互联网的快速发展，我国的公益慈善走出了一条极具特色的道路——互联网公益。互联网公益的兴起，是科技与公益的结合，它打破了公益慈善运行领域的"次元壁"，对整个公益慈善事业发展具有重要意义。一方面，在移动支付逐渐普及的背景下，互联网公益凭借着筹资周期短、效率高、门槛低等优势，丰富了公益捐助的渠道。在网络捐款平台兴起前，通过线下邮局或银行汇款是捐款的主渠道，手段和方式较不便捷，因此当时的捐款主要依靠企业等一些组织机构来实现。而随着互联网发展，信息不对称的壁垒和线下捐助的地域性困难被逐渐克服，通过网络众筹项目来募集资金已逐渐成为常态。据民政部初步统计，2019年上半年，互联网募款信息平台累计获得52.6亿人次的点击、关注和参与，募集善款总额超过18亿元。庞大数据的背后，是腾讯、新浪微博、阿里巴巴等知名互联网企业纷纷构建公益平台，"各显神通"。99公益日、轻松筹、蚂蚁森林等一批公益平台和项目在互联网技术的支撑下应运而生，网络公益众筹目前已发展成为化解社会矛盾、完善社会保障的重要手段，越来越多的公民通过投身"微公益"来服务他人、奉献社会。另一方面，我国互联网公益演进的历程，也带动了成千上万的"网络草根公益"和"新公益人"成长。在行业格局上，互联网公益的兴起有助于民间公益组织通过网络进行筹款，解决资金困境，且网络公益覆盖人群更广，利于群策助力"网络草根公益组织"也得以快速成长。与此同时，随着国家针对网络直播市场相关政策监管力度不断加强，在大力倡导绿色直播、规范直播行业准则的大背景下，传统直播平台开始转型，纷纷加码对公益、脱贫攻坚以及文化综艺类等节目的直播内容投入，助力三农产品的淘宝主播薇娅、斗鱼"公益主播团"等正能量直播团体也成为互联网时代的"新公益人"。如今，"共享价值"成为互联网公益最显著的特征，在公益慈善"互联网+"的时代里，网络的线上延伸让助人者离受益目标距离越来越近，也让我们的"共同体意识"更加强烈。

三、公益之心新问题

当前，我国国家治理面临许多新情况、新任务，这必然要求我们的国家治理体系要更加完善和发展。近年来，我国公益慈善事业，尤其是互联网公益得到了迅猛发展，社会公益慈善的热情逐渐高涨，为转型时期中国"真实社会问题"的应对处理提供了公共智慧，成为推动当代我国公共治理进步的重要路径。但与此同时，我们必须认识到，制度的进一步成熟定型以及治理能力的现代化是一个动态过程，不可能一蹴而就。当前，我国社会公益慈善建设受到公益意识扭曲、功利主义和形式主义等导向影响，在公益氛围和制度建设等方面仍面临多重困难和亟待破解的挑战。

首先，公益动机不纯，潜伏"作秀"倾向。近年来，关于部分公众人物和企业"诈捐"的新闻频频爆出，公益服务甚至兴起"摆拍""走过场"之风，公益"作秀"现象层出不穷，令人瞠目结舌。纵观这些公益作秀者，其行为主要围绕以下方面进行"作秀"：一是把做公益慈善当成数字秀。尤其是部分公众人物和企业捐助，为塑造公益助人的个体形象，攀比捐助金额，甚至采取弄虚作假的方法，伪造捐款数额。二是把做公益慈善视为媒体秀，铺张设立不必要的媒体宣传和公益活动仪式，以公益制造"卖点"，增加曝光率吸引眼球。三是把做公益慈善作成表面秀。只求公益之形式，不顾公益之实质，未结合帮扶对象实际需求开展公益活动，将公益助人扭曲为面子工程。对于"作秀"倾向的形成原因，功

利主义和形式主义可视为其源。在市场经济的竞争环境中，功利主义的盛行，使人们更关注自己的利益，尚未全面认识到公益精神自我实现的内涵。相关"作秀者"仍持有把对他者的帮助视为"恩赐"的"施恩论"，并戴着"施恩"的有色眼镜参与公益活动，这种"作秀"实际上是把受助者置于与施助者不平等的人格地位上，并将公益慈善功利化。这种以"公益"满足"私利"，将企求效益回报作为内在支撑的行为，实为一种将公益推向形式主义的"伪善"。这种"伪善"一方面，违背了公益慈善服务的人道主义精神，导致公益活动走"形"不走"心"，甚至会引发公众对公益事业的不信任心理。另一方面，公益"作秀"背离公益慈善的平等互助内核，长此以往，必将导致公益精神的缺失。

其次，公益自由受缚，存在"道德绑架"。"道德绑架"是指人们以道德的名义，利用过高的甚至不切实际的标准来要求、胁迫或攻击别人并左右其行为的一种现象。俗话说，是非善恶，任人评说，任何道德行为都有受外界道德评判的资格，但道德评判一旦被滥用，将会演变成"道德枷锁"，将行为指向道德的反面。在人人享有"麦克风"的网络社会，一些"键盘侠"站在道德的制高点，用非理性表达肆意对他人展开道德评价。这种以道德之"名"行强迫之"实"的"道德绑架"现象，将原本是一个尽己所能、奉献爱心的捐助行为，被愤世嫉俗者恶意揣测，形成负面舆论，甚至演变为网络暴力。于是，我们看到，明星的"粉丝"之间因明星们捐款数额差异相互"掐架"、2015年天津塘沽发生爆炸，马云的微博下"催捐"声此起彼伏、新冠肺炎疫情期间韩红的慷慨捐助，却被恶意抹黑……这些案例，就是"道德绑架"在公益慈善领域的鲜活映射。公益慈善的"道德绑架"之所以发生，是非理性社会财富观带来的结果。我国有句谚语，叫"斗米养恩，担米养仇"，意思是在一个人处于濒死状态，你给他一升米，他会把你当作恩人，但你要给了他一斗米，他反而会认为有能力给出斗米者有更多的财富，理应能给予更多，如此念想，便会怀恨在心。这种"担米养仇"现象便呈现出"藏富、炫富及仇富"等非理性社会财富观，这种非理性的观念影响着人们的道德判断，于是未能及时捐助者则被扣上"冷血""无社会责任"的"人设"，遭受言论攻击。有秩序有意义的公益行动，其正向意义和价值首先建立在参与者自主的基础上，而通过非理性的舆论评论等形式对他人进行道德绑架，是一种道德恐怖主义的情景。一旦道德遭到他人的绑架，那么爱心将会变味，公益精神也将黯淡。

最后，公益监管存疏，成为一片"无人区"。公益慈善事业监管的目的是促进公益慈善健康快速发展，满足社会日益增长的对公益慈善事业的需要。近年来，我国公益慈善领域偏差行为不断，公益监管在管理力度和制度上存在缺失，阻碍公益慈善发展。一方面，部分公益慈善组织业务能力和责任意识欠缺，公益慈善监管力度不足。近年来，无论是地方红十字会爆出"救灾备灾仓库违规出租 13 年"的丑闻，还是"贵州贫困女大学生吴花燕因病去世，相关慈善机构为其筹资百万却仅拨款 2 万"的新闻，这些公益乱象让人不禁再次审视公益慈善组织的运营模式。公益慈善组织接受公益资产，在作出非营利性承诺的同时，落实"公共责任"是其治理模式的核心。低层次的公共责任包括财务管理完善、杜绝违规行为，而运用科学管理手段、最大效率实现其公益目标是对公益组织高层次的责任要求。然而，我国大多数慈善组织的专业化水平和业务能力不高，仅能勉强履行低层次公共责任，仍存在违规筹款、侵占或贪污捐赠物款、违规扩张商业业务等乱象。且由于大多数慈善机构的官方或半官方性质，部分政府部门不仅未履行监管职责，擅自挪用捐赠款的行为也时有发生，令人痛心。另一方面的监管困境，则体现在制度建设层面上，尤其是新兴网络公益众筹平台监管制度缺失。近几年网络公益危机事件频发，如"慈善妈妈"王玉琼事件、"罗尔事件"微信营销骗捐、网络传销平台案等，这些案例均和我国网络公益众筹平台缺乏完善的标准体系有关。一是网络公益众筹平台的准入标准亟待健全。由于网络公益众筹涉及诸多领域，网络公益众筹平台的准入监管涉及民政、工商、电信、网络监管等部门，使得网络公益领域可能成为一个新的"三不管"地带。二是网络公益众筹行业标准亟待建立。当前我国公益慈善事业主要以《中华人民共和国慈善法》《国务院办公厅关于推进社会公益事业建设领域政府信息公开的意见》等条文为指导依据。网络公益众筹虽然推动了我国公益慈善事业的发展，但是目前我国还未制定完全适用于网络公益众筹的行业标准，难以驱散网络公益众筹领域的阴霾。

四、公益之心新实践

新时代呼唤新担当，新时代需要新作为。对于新时代的公益实践探索，应着眼于新时代的公益内涵，从"公"和"益"两大逻辑展开：公益之"公"，应是"双界"的有机统一，既要追求"我在其中"的无界公益，更要践行"其中有我"的全界公益；公益之"益"，须求"三化"的并驾齐驱，将"益"细化、深化、优化，为国家治理体系和治理能力现代化奉献力量。

第一，要形成"我在其中"的无界公益观。无界公益观呼吁"人人公益"的理念，新时代公民，应内化公益精神和公益共同体意识，每个人都应将个人的公益实践和中华民族伟大复兴的中国梦紧密融合，奉献一己之力。无界公益观的培育，需要家庭、学校和社会的通力合作，形成"全过程"的培育氛围。就家庭而言，家庭教育需将公益慈善和"人人公益"列入到家庭的核心价值观中，并注重言传身教，家长在行善的过程中应注意将捐赠、志愿服务等公益慈善理念，通过示范"固化"在子辈心中。就学校而言，需要推进校园公益文化建设。各级学校应针对不同阶段学生的实际，营造"人人公益"的校园文化氛围，培养学生的社会道德情感。例如以"学雷锋日""劳动节"等特殊节日为契机，在校园内广泛开展价值观教育和体验式教育活动；以青年志愿者协会和学生社会实践基地为平台，引导学生关注社会发展和治理现状，结合专业特长组织参与公益服务活动等。就社会而言，各行各业应引导社会个体加强思想道德建设，加大宣传"人人公益"理念。各单位部门可定期评选业界"最美公益人""慈善标兵"，形成公益榜样效应和激励机制；各级媒体，包括电视、电影、广播、报纸、网络等，要加大对公益理念和公益行为的舆论宣传，形成道德风向标，生成全社会的"向善"氛围。

　　第二，要践行"其中有我"的全界公益理念。全界公益观呼吁时时处处参与公益的正能量，该理念的形成与日益丰富的公益参与形式密切相关。在互联网公益时代，网络的普及使线上公益和线下公益共同拓展着社会公益的空间，"其中有我"的理念贯彻，对普通公民、公益组织都提出了新要求。首先，作为网络时代的公民，我们生逢其时，更要参

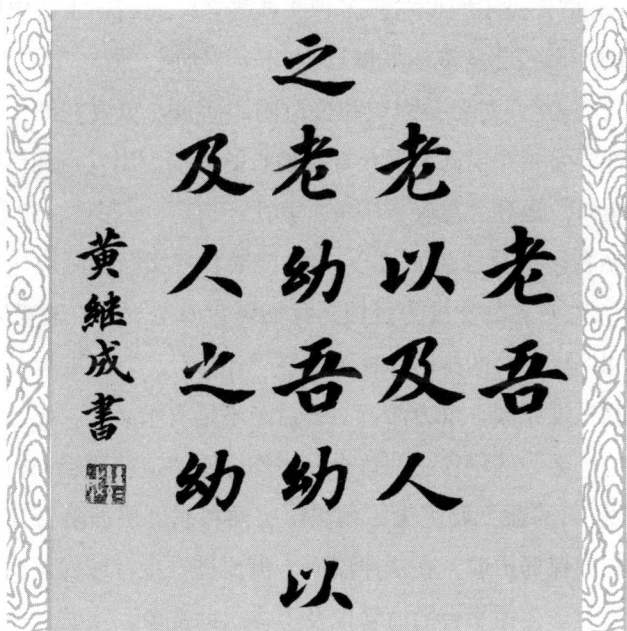

老吾老以及人之老幼吾幼以及人之幼

黄继成书

第五讲　以慈善之心壮大公益力量

87

与其中，积极主动了解网络新媒体的运作方式和特点，利用互联网提供的公益平台参与公益，成为互联网公益优化发展的参与者和美好生活的推进人。其次，就公益组织而言，需要融会贯通，做强互联网公益品牌。中国互联网公益演进的历程也带动了成千上万的"新公益人"成长。公益组织需主动将互联网思维融入公益活动，通过设计优质互联网公益项目，增强品牌意识，提升公信力，从而增进社会对公益组织的认知、了解、接受和参与。最后，无论是公民还是公益组织，在网络时代均需提升自身媒介素养，优化甄辨能力，在学习和熟悉网络公益平台的同时，也应了解网络环境的虚拟性与非实名性滋生虚假招募信息的可能，转发虚假公益信息对整个网络环境和社会秩序造成的不良后果。公民和社会组织应加强信息技术和网络安全等主题的学习，参与和组织正规网站平台的公益活动，降低网络公益诈骗的发生概率。

第三，要细化、深化、优化公益，在公益目标、公益原则和公益保障等方面精准施力。首先，"益"要细化，做实做细公益目标。新时代的公益活动形式的丰富性，拓展了"益"的覆盖面，更细化了"公益切入点"，一个公益主题可对应多种实践表达。我们在生活中应从自己力所能及的小事做起，逐步发展自己的公益轨迹，做一个"为群""利群"的"公益者"。对公益组织和公益团队而言，更要在细化中提升公益的专业性，要始终以满足群众日益增长的需求为出发点和落脚点优化公益服务项目，提高公益服务质量。其次，"益"要深化，注重益与义、益与宜的结合，永葆公益的初心。"益"要和"义"相呼应，要警惕功利主义和形式主义对公益的侵蚀。我们需以真心对待公益活动，做好个人私利和民族大义的排序，杜绝公益"作秀"；"益"要和"宜"相结合，要遵循适度原则，量力而行。公益绝不是有求必应，倾己所有，更不是"道德绑架"的牺牲品，每个公民均应厘清道德逻辑，树立正确的公益观。最后，"益"要优化，在法律层面和制度层面多管齐下，为公益精神的传递保驾护航。在法律层面，需要进一步合理优化相关法律法规的衔接，对于公益平台的监管以及个体求助乱象，立法机关应不断完善相关立法，使现有的慈善法同民法、刑法等法律协同配合，共同为建设公益社会服务。在制度层面，需要建立更为完善的社会工作合作制度和善款追踪与退还机制。一方面，政府、企业、公益组织三方可适时建立合作制度，结合政府购买服务、公益创投项目等形式落实合作；另一方面，公益活动发起方应及时通过官网公开相关善款明细使用情况及依据，自觉接受政府部门和社会的监督和备案，使过程公开、透明。

马克思曾说过：人只有为自己同时代人的完善，为他们的幸福而工作，他才能达到自身的完善。新时代的稳步建设，中华民族伟大复兴的梦想，呼吁团结互助、广泛参与的公益精神，而积极参加社会公益慈善活动，也是我们认识社会、奉献社会、服务人民的重要途径。"人的生命虽然短暂，却是相对长久的物的创造者"[1]，我们在公益新实践中，传递公益精神，推动社会公益慈善事业的发展，亦是创造了物的长久和精神的长存，而我们生而为人的价值，也必定会在公益实践中闪烁出璀璨光辉！

---

① 陈先达：《学点哲学》，北京：人民日报出版社 2017 年版，第 61 页。

[第六讲]

以先进榜样引领道德风尚

　　向先进榜样学品质，就是要学习榜样高尚的个人品德和强烈的社会责任感，像榜样那样忠诚爱国、自强自律；像榜样那样明礼遵规、勤劳善良；像榜样那样清正廉洁、宽厚正直；像榜样那样甘于奉献、大公无私，在为他人送温暖、为社会做贡献过程中提高精神境界、培育道德风尚。

涵养好品德

先进榜样是一面引领时代道德风尚的重要旗帜。《新时代公民道德建设实施纲要》中认为，道德建设既有先进性要求也有广泛性要求，将先进性和广泛性结合，就必须充分发挥先进榜样的示范引领作用。《纲要》中指出："伟大时代呼唤伟大精神，崇高事业需要榜样引领。要精心选树时代楷模、道德模范等先进典型，综合运用宣讲报告、事迹报道、专题节目、文艺作品、公益广告等形式，广泛宣传他们的先进事迹和突出贡献，树立鲜明时代价值取向，彰显社会道德高度。"[①] 在中华民族的历史上，不仅有爱民无私的"圣贤"尧、舜、禹，有教无类的"至圣先师"孔仲尼；也有精忠报国的民族英雄岳飞、文天祥，清正廉洁的"海青天"海瑞；等等。新中国成立后也涌现出一批批先进模范，如无私奉献的雷锋、亲民爱民的焦裕禄、忠诚奉献的程开甲等。这些先进模范身上的优秀品质感染和教育着一代代人、也激励着一代代人。我们身边的先进模范，就是引领新时代新风正气的示范者、是最直接生动的学习榜样，也是推进新时代公民道德建设最鲜活的教材。因此，全面加强公民道德建设，必须充分发挥先进模范在道德风尚上的引领作用，传播社会新风正气，提升全民道德素质、社会整体道德水准，形成崇德向善的社会好风尚。

一、榜样力量新故事

先进榜样究竟是何许人？他们有何种往事？我们或许能从《榜样》

---

① 《新时代公民道德建设实施纲要》，北京：人民出版社 2019 年版，第 11 页。

这首歌中了解一二："也许你惊天动地，血洒疆场，以生命践行了你的理想。也许你默默无闻，不声不响，用行动诠释了你的信仰。也许你离开已久，已在天堂，但仍然传递精神和力量。也许你就在身边，闪着光亮，让人们感受着温暖和希望。有你同行，不再彷徨，是你坚定了我们的梦想。有你同行，不再迷茫，你就是我们前进的方向……"先进榜样或许离我们很近，他们也是默默无闻的普通人；或许离我们很远，他们是做出了一番惊天动地事业的大人物。但无论远近，他们始终与我们同行，都是不忘初心的新时代中国特色社会主义建设者。"榜样是看得见的哲理"，在新的历史起点上，我们应深入了解先进榜样的感人故事，向先进典型学习、向先进榜样致敬，从先进榜样的新故事中汲取精神养分、感悟道德力量。

基层工作者榜样："普通的守岛者" 王继才夫妇

我国有近两万公里的海岸线，7600 多个大大小小的岛屿分布在这长长的海岸线上。开山岛，是这几千个岛屿中的一个小岛，面积仅 0.013 平方公里，大约是两个足球场大小。开山岛在行政规划上归属江苏省连云港市灌云县管辖，岛上海风呼啸、野草丛生，未通电未通水，是个生存环境十分恶劣的无人岛。但因其位于我国黄海前哨，地理位置对于我国海防国防十分重要，是一个重要的国防战略岛。

1985 年，海防部队从开山岛撤编后，开山岛转交灌云县人民武装部管辖，人武部在岛上成立了民兵哨所。但因岛上条件太过艰苦，先后上岛的 10 多位民兵都难以坚持长期值守。1986 年 7 月的一天，身为民兵营长的王继才接到守岛任务，从这时起，王继才、王仕花夫妇就是在这样一个位置孤绝、环境恶劣的小岛上，背井离乡、以岛为家，为国守岛整整 32 年。2018 年 7 月，王继才在执勤时突发疾病去世后，王仕花成为民兵哨所荣誉所长，继续在开山岛进行常态化值守。

王继才、王仕花夫妇 32 年的默默坚守和青春付出，在最开始只是为了一个再普通不过的承诺。在《为国守岛，我无怨无悔》的报告中，王继才这样说道："我是农民的儿子，为了一个承诺，我选择了上岛；我是哨所的民兵，为了一面国旗，我留下来守岛；我是一名共产党员，为了一个信仰，要在开山岛守下去，直到守不动的那一天！"然而上岛后，他才发现岛上的情况比预想的要困难得多：没有门窗的几排旧营房，没有淡水没有电，更难挨的是那种无人诉说的寂寞。除了条件艰苦，守岛也有危险。因为海上风浪大、岛上岩石崎岖，在海边巡逻很容易被海浪卷进海里；若遇到强台风，巡逻更加危险，王继才和王仕花夫妇就曾不止一次从山崖或瞭望塔上摔下来。后来，他们每次去海边巡逻，便用一根背包绳拴在两人腰间。两个人就是一支队伍，32 年来，这根背包绳不仅把王继才和王仕花紧紧拴在了一起，也把他们和开山岛紧紧拴在了一起。

王继才和王仕花，一对普通的守岛夫妇，为了一句多年前的承诺，离乡背井，扎根荒岛，三十多年来寂寞困苦仍初心不改。他们用无怨无悔的坚守和付出，在平凡的岗位上书写了不平凡的人生华章。习近平总书记也对王继才同志的先进事迹作出了重要批示：要大力倡导这种爱国奉献精神，使之成为新时代奋斗者的价值追求！

科技扶贫榜样："太行山上的新愚公"李保国

有一个人的名字，如今依然传诵和响彻在河北省邢台市境内西部的太行山区。阳春三月，春风拂过内丘县，姹紫嫣红的花蕊绽放在果树枝头，修剪树枝的"咔嚓咔嚓"的剪刀声回荡在山谷中；从凤凰岭到狐子沟、从前南峪到树莓谷，乡间山路上处处镌刻着他的足迹。到了秋天，硕果累累挂满枝头，许多乡镇、好多村庄的乡亲们再次念起他的名字，想起了他在果园里忙碌的身影。这个名字就是李保国。

李保国是河北农业大学的教授，1981 年本科毕业后他选择了留校任教。当时恰逢学校在太行山区建立了产学研基地，李保国还没走上讲台便响应学校号召，作为首批课题攻关组最年轻的成员走进了太行山，和同事们进行山区开发研究。当年太行山里的村庄人烟稀少，因为是典型的石质山地，土壤贫瘠、有机质少、土层薄、不涵水，加上太行山的气候干旱少雨，村里能用于种植的地少、产出也少，村民十分贫困。即使年年种树也留不住树，岁岁造林也见不着林。攻克种植难题，唯一的办法就是加厚土层，李保国和课题组一起运用爆破整地的技术，开沟聚土积流，以使干旱的山地逐步达到树木存活的基本条件。这个技术研究了5年，李保国也就在太行山待了5年。

在这之后，李保国与太行山区结下了不解之缘。在临城县的凤凰岭，他通过"聚土集水"技术和策略，大规模地种植了薄皮核桃；在内丘县的岗底村，他运用大树苗重茬建果园技术，打造出了闻名全国的"富岗"牌苹果；在邢台县的前南峪村，他研发的"两聚"技术让半个多世纪前的"光山秃岭和尚头"变成了"太行山最绿的地方"。

就这样，李保国扎根太行整整35年。35年来，他创新推广的36项标准化实用林业技术累计应用面积1826万亩，帮助山区农民实现增收58.5亿元，带领10万多群众脱贫致富奔小康。2016年4月，李保国因心脏病突发不幸离世，在生命的最后一段岁月，他仍奔波在秦皇岛、唐山、保定、邢台……

李保国把毕生精力投入到山区林业建设和科技扶贫富民的事业之中，把论文刻在了太行山上、留在了燕赵大地上。"太行山上的新愚公"李保国同志35年如一日，坚持全心全意为人民服务的宗旨，习近平总书记对李保国的先进事迹作出重要批示，称赞他是新时期共产党人的楷模、知识分子的优秀代表，并号召广大党员干部和教育科技工作者学习他的高尚精神，自觉为人民服务、为人民造福。

法制燃灯者榜样："庭前独角兽"邹碧华

独角兽獬豸，是中国古代神话传说中的神兽，传说它能辨曲直、明是非、识忠奸，是勇猛公正的象征、是司法公正的象征。邹碧华的微博和微信名是"庭前独角兽"，这位上海法官，把清正廉洁的道德

德品松

操守、一心为民的公仆情怀深深地寄托和印刻在这个名字之中。

"一个有良心的法官""激情的改革者",是大多数人对上海市高级人民法院邹法官最深刻的印象。1988年,邹碧华从北京来到上海,进入上海高院工作,他为民、便民的情怀似乎在此时便已有所展现——为能更顺利地与群众沟通,他在几个月内学会了一口地道的上海话。2003年至2008年间,他依法公正审理或参与审理了上海社保基金追索案、北方证券破产案、房屋维修基金案等一批重大疑难要案。尤其是在上海社保基金追索案中,当追索的38亿元基金陷入僵局时,他创造性地提出先予执行的方案,为案件审理做出了重要贡献。

2008年,邹碧华赴任上海长宁区人民法院院长一职。在上任之前,他便对长宁法院进行了摸底调研,初步了解到长宁法院的信访案件数量长期居高不下。于是,到法院报到当天,他便亲自前往收发室调阅了100多件执行中止案件卷宗、大量群众来信,自己的办公室还没进便直接到会议室讨论信访案件的处理和化解。他加班加点地分析研究群众来信和卷宗,白天一有空便去立案大厅旁观接待流程、去法庭旁听案件审理。通过深入基层和针对性的研究,邹碧华掌握了法院的基本情况,也一下子抓住了解决问题的关键。信访办投诉多但管理流程相对薄弱,他就改革流程,将以往"专人专案"的模式改为接待、查控、研判、强制4个环节,提高了效率;有群众投诉打了33个电话都找不到法官,他就率先实行来信来访网络化,创建集电话网络、短信微信、窗口柜台服务于一体的诉讼服务平台。邹碧华提出的这些改革措施,使得长宁法院在案件增加而人员未增的情况下,执行绩效跃居全市法院前列,执行投诉率相较以往下降了76%。

2014年6月,中央全面深化改革领导小组审议通过了《关于司法体制改革试点若干问题的框架意见》,上海被确定为全国首批司法体制改革试点地区之一。上海高院成立了高院司法改革领导小组,并增设司法改革专项试点工作办公室,邹碧华任司改办主任兼试点办公室主任。这一次，推进司法改革的重担落在了他的肩头。他带领着团队，常常彻夜研究、讨论司改方案，开会、加班、汇报成为常态。尽管改革必然涉及利益调整，改革进程必然面临重重压力，其中不乏针锋相对和一些质疑，但邹碧华始终坚定改革步伐毫不退缩。他提出的可视化管理和独创的"要件审判九步法"为上海法院司法改革试点乃至全国司法体制改革作出了突出贡献。

邹碧华就像一个孜孜不倦的改革布道者，奉献着自我，燃烧着生命。2014年12月一个普通的冬日，他倒在了前往司法改革会议的途中，经抢救无效因公殉职，年仅47岁。习近平总书记对邹碧华同志的先进事迹和崇高精神作出重要批示：邹碧华同志是新时期公正为民的好法官、敢于担当的好干部。他投身司法事业26年，崇法尚德，践行党的宗旨、捍卫公平正义，勇当改革奋楫者，特别是在司法改革中，敢啃硬骨头，甘当"燃灯者"，生动诠释了一名共产党员对党和人民事业的忠诚。

二、榜样力量新内涵

榜样的内涵是不断变化的，因为先进榜样的产生是具体的、历史的，不同的历史阶段、不同的国家民族都会对先进榜样的内涵有具体要求，这是一种价值导向①。正如恩格斯在《反杜林论》中所说："一切以往的道德论归根到底都是当时的社会经济状况的产物。而社会直到现在是在阶级对立中运动的，所以道德始终是阶级的道德。"② 榜样的内涵也是如此，它同样是社会主流价值观念和道德规范的具体反映。新时代，不仅榜样的形式发生着变化，内涵也同样进行着"更新"，逐渐褪去"神圣"的光环，更加深入群众、深入百姓日常，与时代精神贴合，愈发生

---

① 张义祯、邱幼云：《青年榜样的历史变迁》，《中国青年研究》2006年第9期。
② 《马克思恩格斯文集》第9卷，北京：人民出版社2009年版，第99—100页。

伟大时代呼唤伟大精神
崇高事业需要榜样引领

庚子之春 黄继成书

动而鲜活。

首先，新时代的榜样内涵从以往的强调个体榜样转向个体榜样与群体榜样相结合。苏霍姆林斯基曾说："人只能用人来建树。"榜样的建树，就是要把抽象的道德人格化、形象化，从而以榜样的道德行为和道德力量直观地感染人、引导人、鼓舞人。中国传统文化十分强调树立榜样、向榜样学习，如"见贤思齐焉，见不贤而内自省也""六亿神州尽舜尧"，其中"舜尧"就是典型的个体榜样。个体榜样在中华民族几千年的历史中层出不穷，引导人们不断追求更高尚的精神境界。新中国成立以来一段历史时期的社会道德建设便十分注重凸显个人榜样的作用，而这些个人榜样也发挥了重要作用，深刻地影响了多代人的精神面貌和行为方式。虽然大部分的榜样类型是个体榜样，但随着社会价值趋向多元化，个体榜样的作用呈现出弱化的趋势，个体榜样价值观的单一性、特殊性难以得到最广泛层面的学习和认同。因此，无论是个人还是社会都对榜样的多样性提出了新的诉求。榜样的多样性主要有两个方面：第一，榜样的类型逐渐多元，近年来的《感动中国》《榜样》等节目涌现出一批批各行各业的先进模范、先进榜样。第二，榜样这一主体的范围也得以不断拓展，从凸显个体榜样转向个体榜样与群体榜样相结合，如舍小家为大家的三峡移民、奔赴在汶川抗震救灾前线的"唐山十三农民"；还比如在新冠肺炎疫情中，不仅有疫情上报"第一人""吹哨人"，也有一批批医护人员、基层社区人员、志愿者等群体。多元的榜样适应不同人群、不同领域的需求，引导不同群体的人们在心灵上向往和行动上追求讲道德、守道德的生活。但同时，价值多元化的趋势也易使人们在价值选择上面临精神迷失的风险。因而，越是价值多元多样，越需要有主流价值观念的引导，榜样的引领作用也在于此。而个体榜样与群体榜样相结合的榜样新内涵协调了榜样自身的特殊性与难以兼顾的普遍性，拓宽了榜样的覆盖面与影响力，使"不同行业、不同群体都能学有榜样、行有示范"①，形成见贤思齐、争当先进的生动局面。

其次，新时代的榜样力量与时代精神是紧密结合的。多样化、多层次的榜样反映了不同阶层、不同群体的道德发展要求，榜样内涵必然需要根据社会发展状况和意识形态要求，从成千上万榜样人物中提取共性的精神品质，概括反映出时代的和社会主流的道德规范、价值观念，为人们的言行、道德提供方向指引。因而，榜样必然属于特定的时代，是时代精神的一个集中体现，时代背景和时代精神是影响榜样内涵的重要因素，榜样的树立同时也影响、引导着同时代的精神面貌和道德风尚。并且，结合时代精神的榜样更加具有现实意义，愈能发挥其感召力，更加能够有效推动公民道德建设。比如，新中国建设时期涌现了一批自力更生、艰苦奋斗的时代楷模，如铁人王进喜等，不怕困难、艰苦奋斗精神也成为建设新中国的重要精神支撑，促进了当时的社会经济发展；在改革开放时期，一些大胆探索的先行者率先冲破束缚在经济制度等领域进行改革，如小岗村"大包干"带头人等，改革开放的榜样和开拓创新、开放包容的改革开放精神充分调动了人民的主动性、积极性和自觉性，极大促进了中国特色社会主义事业发展。党的十八大以来，以习近平同

---

① 《新时代公民道德建设实施纲要》，北京：人民出版社 2019 年版，第 11 页。

志为核心的党中央着眼于实现中华民族伟大复兴的中国梦宏大愿景，特别强调要以榜样的力量温暖人鼓舞人启迪人，将榜样的力量融入改革发展的伟大事业之中、融入人民创造历史的伟大奋斗之中。回顾习近平总书记近年来批示过的先进典型，他们或是国之重士，或是普通之人，他们奉献的崇高精神令人感动，他们坚守的责任担当令人敬佩，都彰显着为中国梦不断奋斗的大爱。当然，榜样内涵与时代精神的紧密贴合并不意味着在其他时代树立的榜样就"过时了"，每一时代的榜样所体现的特质不尽相同，但其精神本质在任何一个时代都是为人民所需的，如当今时代同样需要奋勇争先、积极创新的精神。将榜样力量与时代精神相结合是要赋予这些精神本质以时代特征，从而产生出更大的精神引领力量。当今中国、当今社会的榜样内涵必然是根植于改革开放和现代化建设的实践中的，这些榜样不仅是个人品德、工作业绩优秀的先进人物，也是勇立发展潮头鲜活的时代群像；不仅是新时代发展进步的历史见证，也是新时代美好生活的见证。习近平总书记曾说："人民有信仰，民族有希望，国家有力量。"[1]"只要中华民族一代接着一代追求美好崇高的道德境界，我们的民族就永远充满希望"，[2] 紧密结合时代精神的先进榜样新内涵对倡导好风尚、弘扬正能量、促进全社会向上向善具有十分重要的意义。

再次，新时代的榜样从神圣化向生活日常化转化。从文化符号学的角度来看，榜样是载送信息和意义的一种符号象征，但其固然也真实存在于社会现实之中，是有血有肉的个体或群体。这些个体或群体在精神层面具有更优秀的品质，这种道德品质、精神品质的人格化使树立的榜样形象更具有情感共鸣、吸引力和感召力。在榜样优秀品质人格化的影响下，人们更容易学习和效仿榜样的行为和精神，这也是榜样的激励和影响较为持久的原因之一。所谓"其身正，不令而行；其身不正，虽令

---

① 《习近平谈治国理政》第二卷，北京：外文出版社 2017 年版，第 323 页。

② 《习近平谈治国理政》，北京：外文出版社 2014 年版，第 106 页。

不从"指的就是榜样的人格化力量。树立榜样之时，因为要凸显榜样某一方面的品质，比较容易弱化缺点、容易忽视榜样作为"人"的范畴，有"完美化""神圣化"的倾向。"神圣化"的榜样脱离了群众、脱离了现实，甚至走向虚幻，尽管可能仍具有影响力，但在说服力和感染力方面有所欠缺。公民主动学习和效仿的榜样必然是真实的、生活的、日常的，其人格的力量又具有强烈的引导性和示范性，成为具有代表性和方向性的力量，从而愈发能够感染人、说服人和影响人。《纲要》中指出："广泛推荐宣传最美人物、身边好人。"① 榜样、典型、楷模的出现本就寓于社会建设和时代发展之中，从普通的守岛夫妇到贫困县的基层工作者，从太行山上的新愚公到人民的好干部黄文秀，从抗震救灾的十三人到勇赴抗疫前线的医务人员，他们是平凡岗位上的普通人，但他们勇于担当、积极有为，用毅力和智慧甚至生命诠释普通人的责任，这些"普通"榜样同样可以引领一个群体、一个

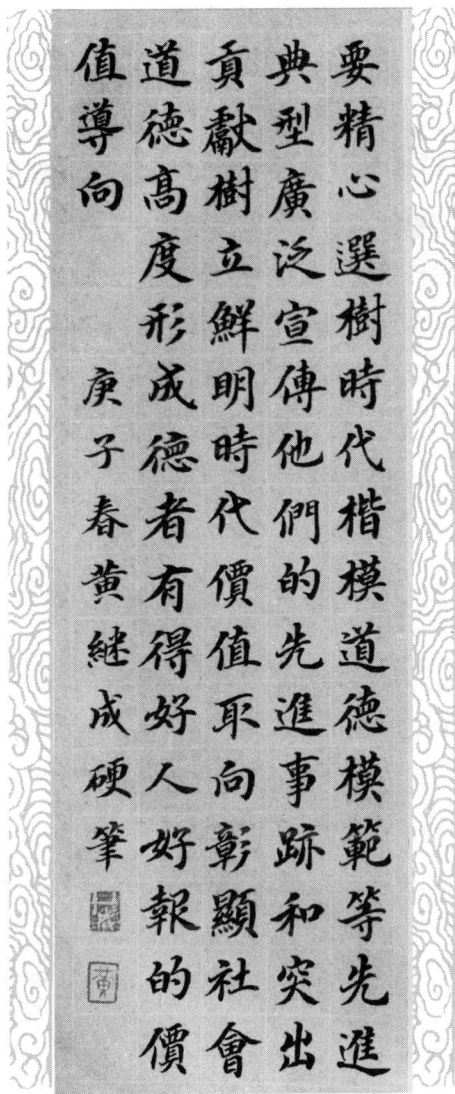

要精心选树时代楷模道德模范等先进典型广泛宣传他们的先进事迹和突出贡献树立鲜明时代价值取向彰显社会道德高度形成德者有得好人好报的价值导向 庚子春黄继成硬笔

---

① 《新时代公民道德建设实施纲要》，北京：人民出版社 2019 年版，第 11 页。

时代的道德精神。

最后，在"学有榜样、行有示范"方面，新时代的榜样从可敬可爱向可学可行转化。随着榜样新内涵从强调个体榜样向个体榜样和群体榜样相结合、从神圣化向生活日常化转变，新时代的榜样也从可敬可爱的抽象形象向可学可行的具体实践转变。"可学可行"首先体现为可学的榜样更加多元、可行的事迹更加日常。新时代有各行各业、各种身份、个性鲜明的榜样，人们向榜样学习也有了多样的选择，能够自主地选择符合自身实际情况和精神需要的榜样学习，更加积极主动、自愿自觉地"见贤思齐"。榜样愈发真实、日常，普通人便愈能发现榜样就在身边，生活中处处有榜样可学，道德建设便愈能春风化雨深入人心。"可学可行"还体现在"德者有得、好人好报"的价值导向上，习近平总书记曾多次强调：要关心、关怀、关爱英雄模范。《纲要》也明确指出要建立健全先进模范的关爱关怀机制，形成德者有得、好人好报的价值导向。中华民族传统是"重义轻利"的，讲求"助人为乐，不求回报"，但是不求回报并不等于不该回报，中华民族也有"滴水之恩，涌泉相报"的传统美德。而在新时代榜样的树立上，过分强调榜样品格的崇高性、忽视榜样合理的利益需求是不可取的。与普通人相同，榜样的权利和义务也是统一的，如若做好人好事反而没有好报甚至损害个人利益，那么树立先进榜样、先进模范也将毫无意义。因此，在公民道德建设中，在树立模范时，应建立起扬善向善的回报机制、建构长足有效的激励机制。

三、榜样力量新问题

榜样的力量是无穷的。新中国成立以来，各个时期各个领域的榜样深刻影响着人们的生活，先进榜样在道德建设方面发挥了重要作用。而随着社会发展进入更加开放、个性、多元的新时代，诸多社会思潮交织、中西文化互相碰撞，道德领域也经历着重组与嬗变，拜金主义、享乐主义、极端个人主义等严重影响公民价值观的形成。在这样的时代背景下，榜样的力量也受到冲击和弱化，主要出现三个问题。

第一，盲目以偶像崇拜代替榜样力量。在当今社会存在的消费主义和流行文化冲击下，人们对榜样认同存在弱化的趋势。其中，偶像文化对榜样认同产生了巨大冲击，青少年群体对传统榜样认同感减弱、榜样"偶像化"的趋势尤为明显。明星逐渐取代了榜样的地位，成为青少年甚至成年人群体模仿、追逐的对象。从表面上看，"偶像"和"榜样"的形成、传播、影响机制确有相似之处，但究其本质是存在巨大差异的。榜样的树立是从道德建设需要出发的，偶像的打造则更多的是一种商业行为；榜样具有道德力量，偶像相对而言更偏向逐利；榜样彰显了社会主流价值，偶像则主要体现个人价值观。但是，榜样和偶像的分野并非不可弥合。各行各业都有先进人物，一些敬业奉献、为国争光的榜样同时也是体育界、演艺界的明星和青少年的偶像，他们或德艺双馨或奋勇拼搏，道德风尚和职业素养俱佳；一些偶像在青少年群体中具有高人气，同时也具备较高的道德素养，业务突出的同时还关心公益，这样的偶像极具社会责任感、具备较高的道德修养，可结合其较高的影响力引导青少年群体树立正确的价值观。《纲要》中亦指出："社会公众人物知名度高、影响力大，要加强道德修养思想政治引领，引导他们承担社会责任。"偶像崇拜并非不可取，我们反对的是过度的、非理智的、盲目的偶像崇拜，而偶像崇拜一旦获得正确、理智的价值观引导，便能够发挥与榜样相同的作用。如在网络上回击"乱港反中"恶势力的诸多活动中，饭圈女孩不仅展现了追星群体的凝聚力，也展现了他们的爱国精神；在抗击新冠肺炎疫情中，韩红爱心慈善基金会高效透明公开的运作获得网友们纷纷点赞。

第二，全盘将先进榜样神圣化万能化。先进榜样不论是个人还是群体，都是矛盾的统一体，既存在突出的优点，也有一些缺点；既有长于他人之处，也有短于常人之处，优缺的矛盾之争始终存在于现实鲜活的人身上。因此，在如何看待先进典型的问题上，不能全盘将先进榜样神圣化万能化，人为地在宣传榜样和学习榜样之间制造距离、人为地

榜样是看得见的哲理

陡木书

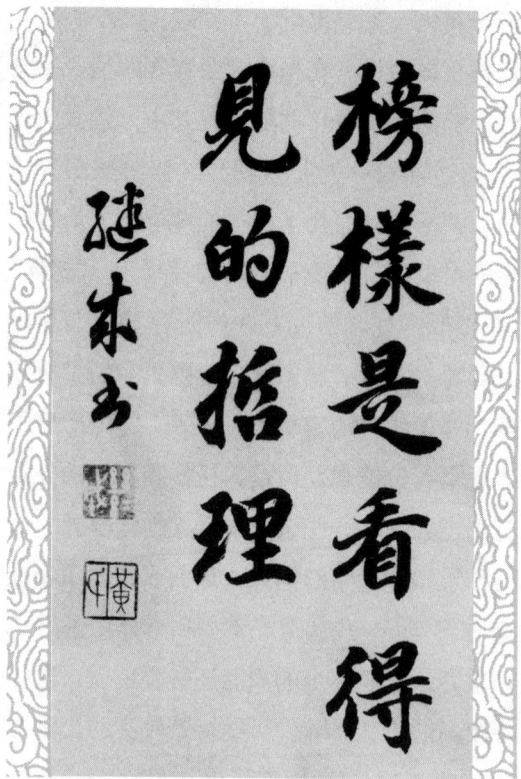

造成"牺牲感"。神圣化和万能化的榜样形象予以人们"要学习榜样就得做出自我牺牲"的印象，构成的是一种"榜样难学""榜样可敬不可学"的刻板心理。然而，主流价值只有生动、具象，才有无声的穿透力、无形的感召力，才能够抵达人们的内心深处。榜样形象若趋向"万能化""神圣化"，必然只能浮于表面。正所谓"命令只能指挥人，榜样却能感召人"，命令是一种强制性的指令，因而只能指挥人；而榜样的力量是无形的、无声的，它不靠强迫也不是命令，而是一种自觉地发自内心、在内心深处产生的积极向上的情怀，是一种见贤思齐的自觉。榜样是"看得见的哲理""好榜样就像把人们召集到教堂的钟声"，先进榜样在引领道德风尚上之所以能够发挥更大作用，正是由于他们把无形的、无声的道德理想和道德追求变得具体而有形、变得更易为人民群众所接受。因此，树立、宣传榜样应当适度，避免将榜样过度神圣化万能化的倾向，应让榜样更"接地气"、更"聚人气"，实事求是地宣传榜样事迹，让榜样精神更易于人们理解、接受和学习。

第三，消极将学习榜样距离化悲观化。榜样所体现的道德风范和展现的道德价值根植于现实，又高于现实。因此，榜样不可避免地带有理想性特征，理想是人们的一种向往和憧憬，是人民群众心之所往、行之所趋、敬仰之所在。榜样身上的理想性特征表现在其品格品质、道德风范并不一定是普通群众能够做到或坚持的道德规范，而是引导和推动普通群众向更高层次的道德养成和道德实践前行的精神力量。这种精神力量既是理想的、有距离的，也是现实的、可观可感的。且理想的、有距离的精神力量绝不是遥不可及和不可逾越的，它也可为群众所学习和掌握，经过主观努力可以实现且理应实现。因而，在学习榜样过程中，一味夸大榜样的理想性从而消极地将学习榜样悲观化是不可取的。同时，榜样也不是不食人间烟火、没有七情六欲的"神仙"，不是一个苍白空洞的思想代号。在向榜样学习之时，我们往往会进入一个误区，认为榜样不是普通人、把英雄等同于榜样，或者认为只有特别崇高、为社会做出巨大贡献、创造惊天动地业绩的人才有资格成为榜样。这样的观点也消极地将学习榜样距离化了。党的十八大以来，越来越多的榜样来自我们身边的普通好人，如环卫天使李萌、乡村医生贺星龙、居委会主任吴雅琴等。这些榜样都是普通群众，可见群众与榜样的距离并不是很远，而就在我们身边，"把名人还原为普通人，这是一种时代的进步"。榜样和群众之间并没有隔阂，我们身边可学的人都可以成为我们学习的榜样。因此，消极将学习榜样距离化悲观化不合理也不可取；同时，榜样形象生活化，更易为群众所接受。事实也证明，现实中涌现出的活生生的榜样才最富有感召力。

四、榜样力量新实践

自 2013 年以来，习近平总书记多次在各种工作会议等公开场合提及"榜样"的重要作用，他始终强调党树立起来的先进模范不能忘记，要学习先进典型，学习身边榜样，不断发扬光大他们的宝贵精神和人格风范。他还在《要善于学典型》一文中写道："'学所以益才也，砺所以致刃也'。我们就是要善于向先进典型学习，在一点一滴中完善自己，从小事小节上修炼自己，以自己的实际行动学习先进、保持先进、赶超先进。"①《纲要》中也指出,加强公民道德建设,要"以先进模范引领道德风尚","不同群体都能学有榜样、行有示范,形成见贤思齐、争当先进的生动局面"②,具体深化就是要向先进典型"学精神、学品质、学方法"。

第一,向先进典型、先进榜样学精神。榜样承载着时代的主流精神诉求和价值取向,激励着一代代中华儿女不忘初心,引导着一代代中华儿女继续前进。每一个时代都有其光辉意志和独特品质,先进榜样身上兼具时代意志和人格品质。尽管不同时代榜样书写的故事不尽相同,有的似岩间青竹一般"千磨万击还坚劲",坚守初心、坚定信仰为"为中国人民谋幸福,为中华民族谋复兴";有的"深藏身与名",在平凡岗位上书写不平凡的人生。典型、榜样的感人事迹各不相同,但其凝聚着来自同一本源的精神力量。比如焦裕禄以实际行动带领兰考县人民封沙、治水、改地,身体力行诠释了"亲民爱民、艰苦奋斗、科学求实、迎难而上、无私奉献"的精神。2014年3月,习近平总书记在河南兰考考察时指出:"希望通过学习弘扬焦裕禄精神,为推进党和人民事业发展、实现中华民族伟大复兴的中国梦提供强大正能量。"③因此,向先进榜样学习,最首要和直观的就是要深入地学习他们的精神。时至今日,焦裕禄精神仍犹如一座丰碑在时代洪流中巍巍矗立、熠熠生辉,不仅勉励着广大党员干部不忘初心、为人民群众谋幸福,也指引着普通群众迈入新时代也要忆苦思甜、坚持艰苦奋斗的优良品质;"顽强战斗、勇敢拼搏"的女排精神照亮了老中青三代人的奋斗之路,鼓舞着每一位中国人面临困难之时团结奋斗、永不放弃。向榜样学精神,基础在学,更要进一步深入学习榜样的精神品格,通过对照榜样来回望初心;向榜样学精神,关键在做,王继才、李保国等同志之所以成为先进榜样、典范,关键就

---

① 习近平:《之江新语》,杭州:浙江人民出版社2007年版,第218页。

② 《新时代公民道德建设实施纲要》,北京:人民出版社2019年版,第11页。

③ 习近平:《做焦裕禄式的县委书记》,北京:中央文献出版社2015年版,第33—34页。

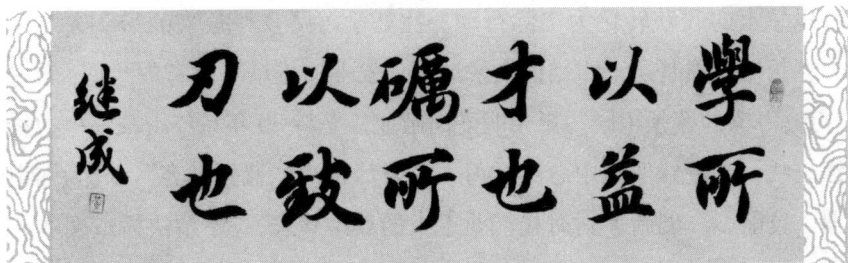

学所以益才也，砺所以致刃也。

在于他们身体力行、视责任重于泰山。因此，在向先进榜样学精神的同时，更要将榜样精神贯彻到实践中去，将实干、苦干汇聚成磅礴力量，为实现中华民族伟大复兴的中国梦继续奋斗。

第二，向先进典型、先进榜样学品质。先进榜样是一面镜子、一面旗帜，向榜样学品质，要找到与自身榜样品质的差距、找到自身的不足。通过学习榜样品质明晰努力方向，向榜样学品质也是坚定理想信念的必修课程。党的十八大以来，社会上涌现出了一大批"时代楷模"，如"红色理论家"郑德荣教授矢志不渝地传播科学真理，毕生追求马克思主义真理之光；植物学家钟扬十六年来跋涉雪域高原，全心全意浇灌祖国的种子科研；"包公式"纪检"侦察兵"李泉新，秉公办事、公正无私，敢于较真碰硬，用生命诠释纪检监察干部忠诚公正的品质；逐梦海天的强军先锋张超，生死边缘只想着保住战斗机而错过了自救最佳时机。这些榜样不仅是国家栋梁、民族先锋，也是社会楷模、行业翘楚，他们身上集中彰显了教师的立德树人、科学家的刻苦钻研、公职人员的忠诚正直、军人的献身使命、医生的救死扶伤仁心仁术。榜样用他们的高尚品质，引领群众崇德向善，形成见贤思齐、奋发向上的氛围。向先进榜样学品质，就是要学习榜样高尚的个人品德和强烈的社会责任感，像榜样那样忠诚爱国、自强自律；像榜样那样明礼遵规、勤劳善良；像榜样那样清正廉洁、宽厚正直；像榜样那样甘于奉献、大公无私，在为他人送温暖、为社会做贡献过程中提高精神境界、培育道德风尚。

第三，向先进典型、先进榜样学方法。向新时代先进典型、先进榜样学习，不能止步于精神层面的感悟、自省，还要以知促行，知行合一，将思想上的收获转化为实际行动。比如学习"乡村振兴的带头人"王传喜长期扎根基层，团结群众发展现代农业、推动乡村有效治理；学习"点亮万家的蓝领工匠"张黎明爱岗敬业，坚持30年始终奋战在电力抢修一线，在抢修实践中总结学习、成长为电力"蓝领创客"，成为知识型、技能型、创新型新时代产业工人的典型代表。"不解决桥或船的问题，过河就是一句空话。"榜样的精神、品质、方法就像是道德之河上的一座桥或船，深学、细照、笃行榜样的精神、品质、方法，将先进典型的崇高精神和优良作风内化于心、以先进典型的崇高精神和优良作风为标尺，时时反思、反省、反求诸己，才能不断提升自己的道德修养和道德境界。

"历史烛照时代，榜样传承精神。"一代代榜样将中华民族精神、时代精神传承下去，先进榜样的精神力量，激励了更多人奋起。在这个百舸争流、万马奔腾的新时代，矛盾、问题和诱惑交杂，新时代前景是光明的，责任更是重大的。不忘先进榜样的理想信念和价值追求、弘扬他们的宝贵精神和道德风范，向先进榜样学精神、学品质、学方法，我们就能更好地推进社会公德、职业道德、家庭美德和个人品德建设，立根塑魂、正本清源，为实现中华民族伟大复兴中国梦凝心铸魂。

[第七讲]

以诚信之道建设信用大国

　　诚信从人从言，本质就是好品德。传统意义上的诚信更多具有为个人立身立命、诉求人道、天道的基本意蕴。在新时代，诚信更多表现为一种联结个体和社会的共同体道德，强调了一种基于个人诚信内在品质之上的、具备共同体价值要素的规范性、持续性、高位格的价值品质。

道德建设既要教育引导也要靠有效治理

涵养好品德

诚信，从人从言，是中国优秀的传统美德。于个人而言，"人而无信，不知其可也""言不信者，行不果"；于国家而言，"诚信者，天下之结也。"2012年，党的十八大首次明确将"诚信"纳入社会主义核心价值观的培育内容，为传统的诚信文化赋予了新内容、新品质、新境界。2019年，《新时代公民道德建设实施纲要》颁布。《纲要》中指出，推动道德实践养成要持续推进诚信建设。"诚信是社会和谐的基石和重要特征"①。一直以来，党和政府始终将诚信建设作为一项重大工程，从质量、力度、路径上进一步深化、强化与优化诚信建设，不仅倡导积极的个人自建与家庭、学校及社会的合力共育，也从制度保障与社会治理方面着力强化诚信建设，不断提升全社会的诚信水平，切实建设讲诚信、尊诚信、爱诚信、护诚信的信用大国。

一、诚信品格新故事

诚信是一项古老的传统，从本质而言，构成人之实践交往的一项重要内在规定，其内涵意蕴、表现形式、叙述方式也伴随人之实践交往的发展而不断丰富、多样。这一过程中涌现出很多守信践诺的故事和案例，给我们警醒，也给我们启示。这些故事中既包含着对诚信传统内容的承继，又对其进行了历史性发展，赋予了诚信新的时代特色，深刻地反映着当代中国建设诚信大国的时代之为，是诚信品质发展样态与建设

---

① 《新时代公民道德建设实施纲要》，北京：人民出版社2019年版，第16—17页。

水平的新时代缩影。

广西陈月英:"拖了这么久,今晚终于可以睡个好觉了"

2010 年 10 月 13 日,广西岑溪陈月英的二儿子杨昌杰因患上肾积水,曾向岑溪农商银行梨木支行贷款 2000 元支付医疗费用。两年后,杨昌杰因病去世。临终前,他告知母亲自己还欠着银行 2000 元的贷款,希望母亲答应帮自己偿还这笔贷款。面对儿子的嘱托,古稀之年的陈月英含泪答应了。

儿子去世后,儿媳也不知去向。陈月英只能同年仅 8 岁的孙女相依为命。为了能早日还上贷款,陈月英省吃俭用。7 年间,陈月英没有添过新衣和家庭用品。本身患有关节炎的她又在 2017 年被检查出食道疾病。得知治好病至少要数万元,陈月英毅然选择了保守治疗。为了攒钱尽早还掉儿子的贷款,已近八旬的她仍拼命劳作,承包土地种植经济作物,还饲养了鸡鸭。

尽管生活艰难,但是她却始终坚守着自己的承诺。2013 年、2014 年生活拮据的陈月英曾两次让村干部帮忙捎话给银行,表示自己一定会还钱,请银行放心。2015 年 6 月和 2016 年 9 月,陈月英分别还了 200 元和 300 元。2019 年 11 月底,陈月英再次到银行偿还贷款。当她翻出一沓沓钱时,负责接待的银行工作人员不禁红了眼眶。这些钱只有 9 张是 100 元面值的,其余多是 5 角、1 元、5 元、10 元、20 元……

省吃俭用 7 年,陈月英终于兑现了曾经的诺言,为早已去世的儿子还清了贷款。"拖了这么久,实在是对不起银行。今晚终于可以睡个好觉了。"一句再普通不过的话语,却映照出一位母亲守信、高贵的灵魂。银行的工作人员表示,本来他们以为这笔借款会变成坏账,没想到老人能够信守承诺帮儿子还贷。

浙江义乌:用好小商品与大信用的辩证法

主营袜业的楼女士,是浙江义乌国际商贸城里最早进驻的商户之一，也是义乌市"标准城市"建设的亮标商户之一。义乌市于 2017 年率先启动了"标准城市"建设，积极探索标准化主推市场信用体系建设的实现路径。通过"亮标、对标、提标、宣标"四方面工作，促进义乌小商品市场的管理和小商品质量的精细化、规范化和品质化，用质量标准严要求，推进市场信用大发展。

面对自己的产品，楼女士说："只有对自己的商品质量非常自信的商户才敢于亮标，我敢公开承诺自己的商品质量标准，就敢保证所卖出的丝袜，质量肯定不会低于我承诺保证的质量标准。别看我卖的袜子是小商品，可是我对它的质量非常自信，二十多年了，我的客户对我的袜类产品非常信赖。我们小商品城是非常重视市场信用建设的。"

在构建市场信用体系的过程中，义乌市坚持用高标准的产品质量，助推高标准的市场信用。义乌小商品一改过去粗制滥造，"上不了台面"的形象。通过引入市场信用分类监管模式，发布全国首个监测市场信用波动情况的指标——义乌市场信用指数（YMCI），义乌市场经营户违法率下降了三分之二，客商满意率达到 97%。2018 年 1 月 9 日，国家发展改革委办公厅、中国人民银行办公厅明确浙江义乌市等 12 个城市为首批社会信用体系建设示范城市。

诚信制度之治："坐霸""老赖"的"紧箍咒"

"坐霸"是近年来新兴的流行词，指的是强行霸座。这一词在社会的广泛流行源于一场高铁霸座事件。2018 年 8 月 21 日，在从济南开往北京的 G334 次列车上，一名孙姓男子强行霸占一女性乘客的座位，并拒绝与乘务人员沟通，声称"无法起身，不能归还座位"。经列车长和乘警的反复劝说，仍旧无果。孙姓男子的行为不仅妨碍了正常的社会公共秩序，更是对诚信的严重背离，被处治安罚款 200 元，并被列为严重失信行为人，在一定期限内被限制购票乘坐火车。一时间，各类坐霸事件成为社会关注热点。同年 9 月 19 日，一周姓女子因强行霸占他人座位，拒绝沟通，亦被处以罚款 200 元，并被铁路部门限制 180 天内不能购买火车票。而同年的 12 月 3 日，在包头至大连的 K56 的列车上，一刘姓女子不仅霸座，而且态度极其恶劣，甚至辱骂乘警与周边乘客，被大连铁路警方依据《治安管理处罚法》相关规定依法给予其行政拘留处罚，成为首个因霸座而受到行政处分的铁路乘客。

与"坐霸"相似但更为恶劣的就是"老赖"，这是诚信建设中面临的巨大毒瘤。2019 年 11 月 23 日早晨，三名法院执行干警敲响了某宾馆一间房间的门。这间房间里住着的，正是失踪多日的失信被执行人吴某。吴某在承包某工程的过程中，拖欠了耿某 16400 元工资款。耿某随即向云南省镇康县人民法院提起了诉讼。在法院的调解下，吴某承诺在 2019 年 10 月前付清拖欠耿某的工资。谁知此后吴某便下落不明，电话也始终无法接通。针对吴某的失信行为，镇康县人民法院立即将其列入失信被执行人名单，限制出境和乘坐飞机、高铁。同时，与公安联动，运用信息化手段，查找吴某的下落。

面对失信人员执行难的问题，2014 年，最高人民法院陆续与公安部、交通部、民政部、中国人民银行等 16 家单位和 3900 多家银行业金融机构建立信息共享机制。通过线上依法查询被执行人在全国范围内的不动产、存款、金融理财产品、船舶、车辆、证券、网络资金等 16 类 25 项信息，全面覆盖被执行人主要财产形式和信息，从根本上改变了传统线下执行模式，有效破解执行效率低、覆盖财产范围窄、查控人力成本高等难题。

以上三则诚信故事是当下中国加强诚信建设的一个缩影，集中谱写着个人修养、社会培育与制度治理的诚信新故事。

广西岑溪的陈月英老人对诚信的坚守深刻地诠释了"君子忧道不忧贫"的价值情怀。诚信是人之为人的内在支撑，不仅关系到抽象的道德境界，更关系到个人具体的日常行为。当今时代，诚信建设仍以个人道德品质的自我锤炼与外在行为的规范导引为基本进路，一方面通过美德进路赋予诚信个人崇高的肯定和赞美，另一方面，通过制度进路构建诚信体系规范各类行为。在商品社会中，商品成为社会诚信的重要承载，直接关系到社会和谐。因此，深度强化商品的诚信生产就是积极建设和谐有序的社会。浙江义乌将诚信生产视为商品的生命线，极其珍视"小商品"中的"大信用"，这也让其享受由"大信用"带来的"大收益"。该案例蕴含的辩证法意蕴深刻揭示了诚信与效益之间的内在关系——个体诚信具有社会价值与治理效能，能够保障与促进社会和谐，为社会有序运转提供原动力。人民法院联合其他国家部门、社会机构等进行的诚信治理代表着诚信建设的最新努力、最新发展与最新成就。在传统方式上，诚信建设主要依靠个体自觉自建与道德治理。而随着社会的转型发展与人之实践的泛社会化，治理诚信的传统方式逐渐式微。依靠传统的道德教育治理"坐霸""老赖"，成效低微。同时，诚信问题层出不穷，其形式与内容都发生了极大变化，更为迫切地呼吁以制度化的社会治理体系为诚信建设提供强大的外在保障。在当下，追求与形成最广泛的社会联合治理是诚信建设的努力方向与发展趋势，这将不断推动我国诚信建设取得新进展。

二、诚信品格新内涵

从词源上来看，"诚信"是复合词，但"诚"与"信"两字具有相同所指。先看"诚"。在《说文解字》中，"诚，信也。从言，成声。"这意味着"诚"同"信"，以诚实讲信、守信践诺为核心意指。"诚"字深受中国传统儒家的文化建构。《礼记·中庸》中将"诚"视为"天之道""人之道""物之终始"，直接将"诚"规定为人的本源性的存在，人只有与"诚"之境界相匹合才是根本的为人之道。孟子进一步将"诚"规定为人道之本，强调"思诚者人之道也"。周敦颐在孔孟的基础上将"诚"直接规定为圣人之本性，一方面表现了"诚"是人之差异存在的重要区分，另一方面以人对成圣的诉求而要求人要修"诚"。到了朱熹

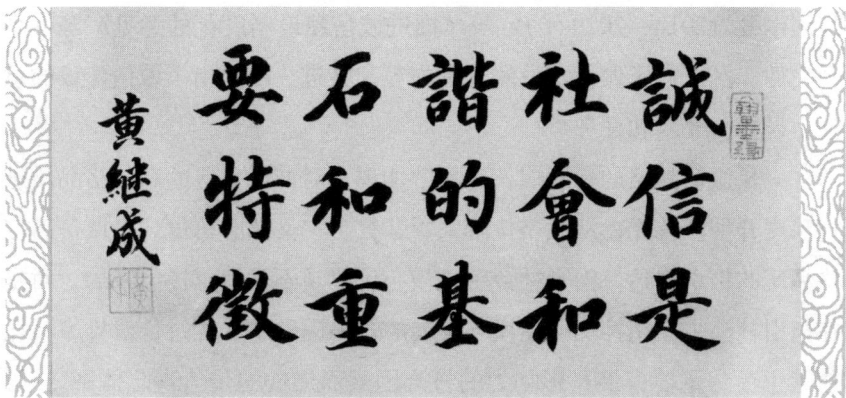

这里，对"诚"之内涵进行了深度剖析，他认为"诚者，真实无妄之谓"。相较于前人，朱熹重视更为实际的修"诚"方法，即求真无所欺。近现代儒家学者也十分重视对"诚"之品德，他们立足"诚"之传统释义，结合时代发展，重申以"诚"修身、立命。如今，以儒家为体建构的"诚"的传统文化要义仍是"诚"之基本规定。我们从中不难发现，儒家对"诚"的文化建构，建立在个体内在修行的要求上，体现着其内外兼修、修齐治平的一贯价值立场和思想气质。

再看"信"。《说文解字》中将"诚"视为"信也"，也就意味着"信，诚也"，即"信"就是本意所指、言语所达与行动所向的一致性，诚实而不欺。《墨子》中如此论道，"信，言合于意也。"在此之后，尽管对"信"的使用有词性上的区别，但都离不开"诚"的本体意蕴，信用、信任、守信等成为"信"的常见表达，是"诚"的外化。因此，由"内之诚"与"外之信"共同构筑的"诚信"一词就具有内外联动、彼此支撑的基本结构，表征人之诚实守信、具有信用重诺的道德品质。这是诚信作为传统美德存在而具有的基本内涵。

党的十八大首次明确将诚信作为社会主义核心价值观的重要组成部分。随后，党和政府在多次会议与讲话中强调要持续性推进诚信建设，让诚信成为引领社会建设、促进社会和谐、繁荣社会发展的基本风尚。国务院与中央精神文明建设指导委员会相继颁布了《社会信用体系建设规划纲要（2014—2020 年)》与《推进诚信建设制度化的意见》等一系列文件，既丰富了诚信建设的基本内容，又进一步提出了诚信建设的意义、目标、要求和任务。

一是诚信品格的新开掘。这集中体现为对诚信具有的高位格品质进行深度开掘。首先，从品格位阶来看，社会主义核心价值观是诚信高位格品质的根本表达。因为社会主义核心价值观不是随意提出来的，而是在指引社会主义精神文明建设与发展的众多因素中，经过价值排序、抓住其中最为重要、最具影响力的核心因素而形成的价值理念体系。"社会主义核心价值观正是基于这样的一个现实需求和实践前提，在当代中国道德生活自我更新和重构的过程中的一种有意识有目的主动性的构建。"[1] 这意味着将诚信作为社会主义核心价值观的培育内容，是对诚信具有的较于其他的价值理念的高位格品质的彰显。其次，从作用范围来看，作为社会主义核心价值观的诚信面向全体公民，在做到诚信由熟人伦理向陌生人伦理发展的同时，实现了熟人社会与陌生人社会的并建。熟人社会是中国社会的传统结构，熟人社会是诚信建设的传统环境。在以往，诚信表现为自然的熟人伦理。随着人类社会的发展，人之社会交往呈现流瀑式扩大的趋势，突破了熟人社会的传统结构和交往方式，陌生人社会成为了现代社会结构的主要面相。诚信作为人与人交往的道德基石，在陌生人社会中，有了新的诉求和新的挑战，进而诚信内涵具有新的时代特色。最后，从发展走向来看，作为社会主义核心价值观的诚信代表的也是一种共同体道德，体现了对传统诚信只强调个体伦理的价值超越。诚信的本质就是一种德，传统意义上的诚信更多具有为个人立身立命、诉求人道、天道的基本意蕴。在新时代，诚信道德更多表现为一种联结个体和社会的共同体道德，强调了一种基于个人诚信内在品质之上的、具备共同体价值体系构成的规范性、高位格的价值品质。

---

① 张彦：《价值排序与核心价值观》，杭州：浙江大学出版社 2017 年版，第 127 页。

二是诚信内容的新赋予。诚信的发展性本质决定着其内容的因时而进。信息社会的到来，互联网的蓬勃兴起与日常化带来了人之存在方式的重大变化，"网络人""信息人"成为人们新的存在样貌。网络语言、在线交往、数字经济、即时支付等成为人践行诚信品德的重要表征，并导致了一系列新的诚信问题。比如，诚信银行、信用积分等新事物的诞生，诚信值的积累成为衡量诚信、建设诚信的新手段，数据成为了诚信内涵的全新阐释方式，比如支付宝中的"芝麻信用"等。芝麻信用不仅仅是一个数字，它可成为人们信用竞争的一种正向激励，也可成为具有实际效用的让渡化产品，从而持续推进信用积分的增加。同时，现代科技发展给人类生活带来极大便利，也对诚信品质提出了更高的要求。因为，利用高科技也带来了"副产品"，带来了全新的诚信危机，利用科技、电信等信息网络技术进行诈骗成为诚信缺失的一种方式。为此，《新时代公民道德建设实施纲要》特别强调要强化网络诚信建设，并从网络人践行诚信的多个维度进行了制度设计。

三是诚信制度的新建设。诚信的制度化建设是诚信由依赖于个体内在修养走向显性社会建设的根本体现，也是对诚信建设需要硬治理的彻底表达。依靠个人自觉自律与道德治理是诚信建设的传统治理方

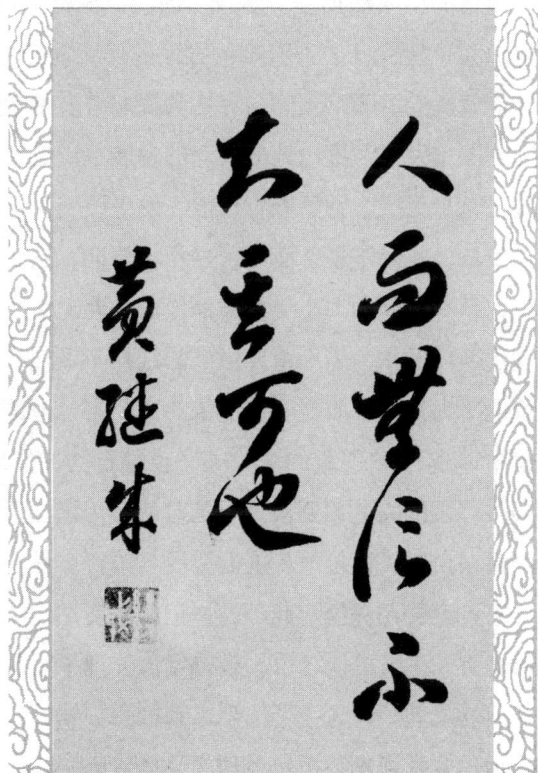

人而无信不知其可也

黄建朱

式。面对不断产生的诚信问题，道德的软约束逐渐力不从心，强化复数治理、引入制度规范成为诚信建设的现实需要。具体来看，诚信的制度化建设带来的新发展主要有：其一，制度化深度开掘了诚信的规范性属性。规范性是诚信基本属性的构成。而在传统的诚信治理方式中，诚信规范性的体现及实现主要在于个人诚信的自觉意识，这意味着诚信规范性的作用主要取决于个人的意志和偏好，很大程度上消解了诚信规范性的客观性。而以制度化方式推动诚信建设，建基于诚信规范性的客观性基础，以制度安排取代个人安排，以制度硬规范结合个人德性软约束，实现了对诚信客观规定性的重申和复归，并以制度体系的多样性深度开掘诚信规范性的多维层面。其二，制度化在稳固诚信建设的同时拓展了建设诚信的基本方式。当以个体的自觉意识决定着诚信的规范性之时，也就意味着诚信建设具有较强的脆弱性、易变性和不可持续性。诚信制度建设的引入和加强，不仅"加固"诚信建设工程的规范性、客观性，也加强了现代社会人们诚信方面的反脆弱性力量，能发挥对诚信风险、诚信危机的警醒、预测、评估和规避等多种功能。

不难发现，推动诚信内涵的发展本质上是一个道德保值的过程。保值，就是保持某物的原有价值不发生改变。这个物的原有价值可以做量的衡量，在经济学方面用价格相称佐证。然而道德要实现保值，量的多少，原有价值的大小使道德保值面临着无法回答的诘难。因此，诚信的发展性内涵作为一个道德保值的过程不以纯粹"物的量"与"物的原有价值"为衡量，而在于"道德的量"与"道德的原有价值"的保值。这集中体现为："道德的量"关联道德行为的实施，衡量方法是有没有切实践行诚信的道德要求。一是对诚信传统性价值原则的继承与发展，二是对诚信时代性价值拓展的接受与践行。只要实现了诚信的这双重价值要求，道德即保值。此外，诚信的发展性内涵也表明了在道德保值的同时，更发生着道德增值。道德增值体现了传统诚信原则的创造性转化和创新性发展，体现为个体要求到社会整体的领域拓展，体现为单数道德软治理开延到复数综合治理的整体效应。

三、诚信品格新问题

诚信建设是一个常论常新的论题，成就与问题同在。在总结诚信建设新成就、增强诚信建设信心、勇气的同时，我们也要看到诚信建设过程中出现的新问题和难点焦点问题。

首先，失信成本仍旧低廉，诚信"破产"现象依旧严重。失信成本低廉是诚信"破产"的直接诱因。"诚信者吃亏，失信者获益"成为诚信建设面临的悖论挑战。基于此，中央精神文明建设指导委员会颁发的《推进诚信建设制度化的意见》中特别指出：要建立健全激励诚信、惩戒失信长效机制，以此消解诚信悖论，让诚信者获奖，失信者受惩。但当前，由于诚信建设制度机制的未健全与待完善，以及公民个体之间的较大差距，解决诚信悖论问题仍然任重道远。失信成本低廉、违约代价廉价，进而导致诚信"破产"现象日趋严重，集中体现为：一是诚信"破产"领域涉及广。社会发展的愈加精细化意味着具有独立身份参与社会发展的组织、部门、团体等增多，突破了传统的将诚信建设视为单向度的个人与个人交往规范的边界，个人与社会团体、社会组织、国家部门等的互动往来构成了现代社会发展的基本面相。诚信破产的领域愈加广泛，具体而言，可覆盖个人诚信、政务诚信、商务诚信、社会诚信与司法公信等。综合言之，诚信"破产"风险存在于社会的各行各业之中，并在越来越多的行业、领域中爆发。二是诚信"破产"内容的复杂性增强。这与诚信"破产"涉及行业、领域的广泛性息息相关。如果说广泛性较多从面和量上考量，复杂性则更多从诚信"破产"的深度和质上来反思，领域的多维性、行业的特殊性、个体的差异性、诚信内容的具体性等共同规定和构成了诚信"破产"的复杂性，从而也对应对该问题提出了严峻的挑战。为何会诚信"破产"？如何来承担诚信"破产"？需要如何来防范？这些问题成为治理诚信"破产"的问题链。只有破解这个"问题链"，才能化解诚信治理的复杂性，有效推进信用大国建设。

其次，诚信建设的连续性及其治理亟待优化。诚信为人创生、被人需要、由人发展。诚信的发展历史深刻地揭示着诚信建设是一项长期性事业，它伴随着人与人之社会的形成与发展，具有连续性，且这一连续性在力度与强度方面存在着不断强化与深化的根本趋势。具体来看，连续性不强和治理效能与人民期待还存在差距是当前诚信建设面临的突出问题。一方面，诚信建设的连续性不强主要表现为：个人与社会各行各业未能一以贯之地保持诚信建设的自律意识与自觉行为。意志不坚定及诚信建设意识松懈尤为明显。特别是面对"物质主义"与"经济主义"的"攻击"，人们或摇摆不定，或直接放弃对诚信的坚守，进而或造成诚信建设的连续性失去原有的强度与力度，或造成诚信建设的连续性中断。另一方面，诚信建设的治理与人民期待之间的差距，一是在于治理诚信的制度建设亟待完善，并需着力提升与彻底释放制度的治理效能，让治理效能切实转化为促成人们自觉建设诚信的内驱力。二是在于面对日趋复杂的失信行为，道德治理的软性规制作用乏力。三是在于制度治理与道德治理在诚信建设上，尚未形成互补共济的长效作用机制。这些原因迫切要求深度优化诚信建设的连续性及其综合治理效能，积极释放诚信的社会红利。

再次，个人自建与外在育化未能完全合拍、互动互生。孔子曾说，"民无信不立"，即诚信是立身之本、立业之基，要求积极的个人自建，核心表现为诚信是个人之一生的自我修行。具体而言，诚信的个人自建受个人道德认知与道德修养水平的制约，存在着客观的诚信体认的个体差异。与之同时，个人道德认知与道德修养离不开教育，特别是除却自我教育的包含家庭教育、学校教育与社会教育在内的外在教育。家庭教育、学校教育和社会教育的不一致、不同步，甚至互相背反的现象，往往会在"瞬间"消解辛苦"教育"养成的诚信信念，特别表现在如有家长的言行不一致、学校教育中教师榜样的缺失、同伴教育的反向力等，使得诚信自我教育与外在教育存在着未能同谱合拍，甚至出现各行其是、走音反调的现象。

最后，陌生人社会中普遍存在的诚信焦虑。陌生人社会与传统的熟人社会相对，是对因经济发展而出现的一种社会现象的经典概述，伴随着人之交往实践的泛社会化。在陌生人社会中，人与人之间因"陌生"而存在"天然"的防备、冷漠、互不信任等。其背后反映的是普遍化的诚信焦虑现象，表现为对他人行为的不信任，及对自我做出互动反应风险后果的深刻担忧。诚信焦虑一方面导致以提防意识、提防教育彻底置换社会信任，致使诚信品格被质疑。出于保护自我的需要，教导对他人特别是陌生人具有提防意识无可厚非。但在陌生人社会，提防教育被演绎到了极致，造成了一种扭曲的心理状态，即面对陌生人的一切请求彻底冷漠拒绝，进而造成社会信任被置换。从本质上而言，提防是不信任的具化，是对他人一切活动、一切行为的有所防备、有所质疑，其中就包含着对诚信行为的质疑。彻底的提防是对质疑的根本放大。因而，如何平衡陌生人社会中提防教育与提防意识的度，对消解质疑诚信、增强诚信信心具有重要意义。另一方面，诚信焦虑导致因担忧风险后果，致使诚信被消解。这也是近年来我们必须高度重视的道德问题，如扶老人被讹、公益慈善被骗、拾金不昧被索赔等，这些诚信善行被"恶行"反噬，经由新媒体的传播扩大，极易在公民中强化"事不关己""好人没好报"等消极道德心理，严重损害公民对于诚信建设的信心和决心。

四、诚信品格新实践

新问题要求新思路，新思路决定新出路。面对消解诚信建设新问题与深度推进诚信建设的诉求，需全面创新诚信建设实践，推动我国诚信建设开启新境界。

一是要完善制度机制建设，将诚信作为公民终生的社会准入通行证，制定"禁入""限行"规则。"信则达天下"，诚信是社会交往的最好名片，低廉的失信成本，致使失信者在社会中仍大行其道，进而导致失信范围与涉及内容日趋泛化，需以顶层设计的完善为根本抓手，要求加快建设并建成覆盖社会所有主体的征信系统，针对自然人、法人和其他社会组织等不同主体，强调以全面统筹、差异推进为原则要求，要求加快建立诚信信息共享互通机制，"逐步实现多部门、跨地区、跨领域信息联享、信用联评、守信联奖、失信联惩，让守信者处处受益、失信者处处受限。"[1] 切实强化"禁入"规则的联动性与有效性，进而促进诚信建设实效性的实现与增强。

二是要以全程性为诚信建设的价值原则与实践指向。诚信建设以人的存在为存在支点，而"人们的存在就是他们的现实的生活过程"[2]，这意味着诚信建设的本质即是一个过程。诚信建设的连续性就是诚信建设过程性的本质表达。针对诚信建设连续性不强的问题，需重思诚信的过程性本质，以全程性为诚信建设的价值原则与实践指向。一方面，要重视诚信风险及规避意识，不断进行风险防范、风险预测、风险评估等一系列风险管理工作；同时，切实加强组织领导，以制度的完善深度推进诚信治理的优化，构建制度治理、法律治理与道德治理互动互生的长效

---

① 《关于推进诚信建设制度化的意见》，《人民日报》2014 年 8 月 2 日。
② 《马克思恩格斯文集》第 1 卷，北京：人民出版社 2009 年版，第 525 页。

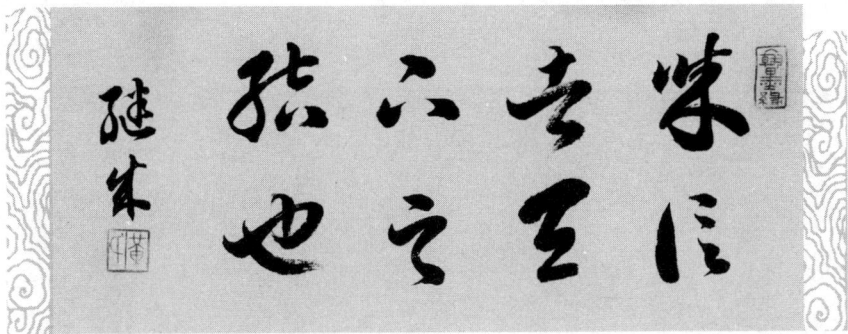

机制。另一方面，要根本把握住诚信建设的内在规律。规律是过程的构成属性，这意味着诚信建设具有内在的规律性，需加强对诚信建设内在规律的根本把握和全面认识，进一步辨析和理清诚信建设的连续性问题，遵循诚信建设的规律性和科学性有序推进，保持并增强对诚信建设的信心和信念，为诚信建设供以持之以恒的动力与支撑。

三是要深度强化个人自建与家庭、学校及社会共育的互动，以内外联动促成诚信自觉。形成诚信建设的意识自觉与行为自觉不仅依赖于个人努力，也密切关联着以家庭、学校及社会为核心构成的外在育化。个人努力与外在育化的未能完全合拍直接制约着诚信建设，因而需深度强化两者互动，以两者的互动互生实现内外联动，共推诚信建设。具体而言，要做到个体自建与外在育化的互动并育，多方面、多渠道地开展好家庭、学校、社会对个人诚信建设的联合教育与联合治理，发挥出外在育化的关键性作用，以此从源头上实现两者有效共育。同时，可采用树立诚信榜样等形式增强全社会对于诚信建设的信心。以诚信榜样为切入点，在诚信榜样选取的"人物"设定上，广泛涉及个人、组织、部门等。在支撑其成为诚信榜样的事件上，广泛选取不同领域的具体实践，以此为基础切实开展好相关诚信问题专题治理，从而彻底消解"失信者获益、诚信者受损"的吊诡现象，使人重拾守信践诺的坚定信心。

[第八讲]

以制度保障强化育德实效

制度实践的历史性决定了制度实践的发展性与开放性。锚定和认知当前道德制度实践中存在的问题与限度，是为了更加有效地通过制度保障和制度治理加强我国公民道德建设。基于新时代、面向新问题、丰富新内涵，道德制度建设必须体现新的要求、呈现新的发展。

涵养好品德

当今社会，作为一种成文化、系统化规范体系的制度调节着人类生产生活的方方面面。公民道德建设需要依靠制度威力、发挥制度效能。在国际国内形势深刻变化、我国经济社会深刻变革的大背景下，由于市场经济规则、政策法规、社会治理还不够健全，受不良思想文化侵蚀和网络有害信息影响，道德领域依然存在不少问题。对此，《新时代公民道德建设实施纲要》强调公民道德建设要发挥制度保障作用：一要强化法律法规保障，二要彰显公共政策价值导向，三要发挥社会规范的引导约束作用，四要深化道德领域突出问题治理。[①] 新时代，加强公民道德建设必须优化和健全道德制度建设，将道德的制度建设当作一项长期而紧迫、艰巨而复杂的任务来对待，把握制度建设规律、加强制度创新，持之以恒、久久为功，依赖制度力量推动全民道德素质和社会文明程度达到一个新的高度。

一、制度之善新故事

规范化的制度是培育和引导社会道德建设的重要力量。面对层出不穷的社会道德问题，道德的制度建设在新时代越来越受到重视，也由此产生了诸多地方性道德制度实践尝试的新故事、新探索和新经验。

---

① 《新时代公民道德建设实施纲要》，北京：人民出版社2019年版，第22—24页。

从乡村道德评议到生产力发展：余姚"道德银行"制度

近年来，浙江余姚以文明城市创建为抓手，以弘扬社会主义核心价值观为统领，因地制宜、深入探索，创新公民道德建设，"道德银行"制度就是其中一项。实践证明，实施"道德银行"制度，以道德担保信贷，以信贷反哺道德，实现物质文明建设和精神文明建设有机结合，不仅为支持农民创业致富提供了优越的服务平台，也为提升农村社会治理水平注入了强劲的道德力量。

从 2012 年开始，余姚市委宣传部、文明办和余姚农村商业银行在充分调研的基础上，在临山镇邵家丘村试点开展"道德银行"建设。"道德银行"制度最突出的特点是以道德评价为切入口，把道德指数和信贷规模结合起来，让无形的道德可量化、可触摸。因此，建立一套科学公正的道德评议体系是确保这项制度取得实效的关键。邵家丘村结合实际，专门制订了操作性很强的道德评议实施办法，确保道德评议有据可循、有章可依，让碎片化、抽象化的道德打分清清楚楚、一目了然。

为把好公正关，评议前，村里还严格落实群众参与机制，确保网格评议时群众占比90%以上、村社评议时群众占比70%以上，且定期轮换评议群众，做到群众的分数群众评、群众议。评议中，严格落实信息公示机制，通过多种渠道，及时向群众公示有关事项，确保群众的知情权。评议后，通过银行、公安、工商、税务等部门档案系统，严格执行部门轮审机制，被查出一票否决事项的，直接取消道德信贷资格，并在接下来1—3年个人道德积分全部清零。道德评议每季度开展一次，道德积分达到一定数字，就能在银行获得相应的免担保、免抵押、低利率的信用贷款。

存入道德，取出贷款。"道德银行"制度的实施，不仅使农民创业有了底气，也有效推动了农村基层治理变革。"道德银行"成立之前，邵家丘村是临山镇有名的问题村，村民之间利益纠纷多，人心涣散。

"道德银行"制度实施以后，村里民风大变样，不但实现了"零上访"，小微企业也蓬勃兴起。目前，余姚的"道德银行"已覆盖全市城镇，涵盖所有银行，设立市级总行、乡镇支行，并在建制村组建网点。截至 2019 年 6 月底，全市已有 2.88 万农户通过"道德银行"获得信用贷款 24.53 亿元。

习近平总书记曾说过："中华优秀传统文化是中华民族的精神命脉，是涵养社会主义核心价值观的重要源泉，也是我们在世界文化激荡中站稳脚跟的坚实根基。"① 余姚"道德银行"建设实践，正是中华优秀传统文化中"好人好报、德者有得"理念的生动体现，同时也找准了新形势下人民群众物质需要和精神需要的结合点。从无形的道德建设到实在的生产力，"道德银行"建设作为推动实现全域文明的引擎，能够持续不断提升农村群众道德指数和农村社会文明程度。

不让英雄流血亦流泪：
上海金山见义勇为奖励和保护制度

见义勇为的英雄面对邪恶与不平，毫不犹豫，没有胆怯，慷慨解囊，以一腔热血与侠客豪气，将自己生命置之度外，谱写出一曲曲壮怀激烈的正气歌。因此，对见义勇为，不仅要予以丰富的物质和精神表彰，还要借助各类法律形式予以制度化、规范化保护，才能以制度的力量保护保障"见义勇为"可持续化、可传递化。

2019 年 3 月 23 日，上海市金山区外卖小哥谢冬海在送餐途中，看到一名女子跳河轻生，可她的丈夫不会游泳只能干着急。谢冬海二话不说，脱了衣服鞋子就下河救人，十几分钟后，女子被救上岸。可此时谢冬海的几个订单都超时了，山阳派出所社区民警杨骁接警后到现场，发现谢冬海全身湿透，劝他赶紧回家换衣服，可谢冬海执意要先把外卖送完。杨骁随后主动帮他联系了几位订餐客户进行解释，并

---

① 习近平：《在文艺工作座谈会上的讲话》，北京：人民出版社 2015 年版，第 25 页。

找来小区保安帮他送餐，最后一单则由杨骁开车带着谢冬海一起到客户家说明情况，获得了客户理解。2019 年 4 月 11 日上午，上海金山区举行见义勇为先进分子表彰座谈会，对谢冬海等进行集中表彰。

据了解，自 1993 年以来，金山区共有 281 人被授予金山区见义勇为先进分子，其中 90 人被授予上海市见义勇为先进分子，3 名见义勇为牺牲人员被市政府追认为革命烈士，这也是全市仅有的因见义勇为行为牺牲、而被市政府追认的革命烈士。近年来，金山区成立了见义勇为基金分会，及时发现、评选、表彰、宣传见义勇为行为，不断健全完善见义勇为人员的奖励和保护工作制度。区见义勇为评审委员会多次提高表彰奖励力度，对见义勇为表彰、慰问经费每年给予足额保障，每年组织当年度受到表彰的见义勇为先进分子进行体检、疗休养。

2010 年，金山区在金山工业区平安广场建立了全市首个见义勇为教育基地，每年修葺完善见义勇为教育基地，组织中小学生、干部群众缅怀烈士。2019 年 4 月 1 日，金山区见义勇为教育基地正式升级命名为"上海市见义勇为纪念广场"。据透露，接下来，金山区将进一步改进见义勇为英雄模范评选表彰工作，不断健全完善见义勇为人员权益保障机制，拓宽见义勇为壮举发现途径，做好见义勇为人员关怀服务，让见义勇为精神在金山区不断发扬光大。

加强保护，是因为需要保护。北京某公司业务部经理宁健乘坐公共汽车时，因制止歹徒行窃，被扎成重伤，住院治疗费共 1.7 万元。他所在单位以公司不是慈善机构为由，不给报销医药费，他治病期间的工资、奖金也被扣除。更有甚者，一些见义勇为者救人反被怀疑成肇事者，受尽被救人家属的刁难和自家人的责备。社会需要见义勇为者，更要鼓励见义勇为的行为。经过长期努力，我国鼓励见义勇为的相关法律和单行制度越来越多，尤其体现在立法日渐积极的地方性法律法规。从 1991 年辽宁省颁布《辽宁省奖励和保护维护社会治安见义勇为人员条例》开始到 2019 年，中国内地所有省、自治区、直辖市及一些省级以下的职能部门，先后制定了类似的地方性法规、规定和办法。目前，全国多地通过完善制度和立法，出台并明确对见义勇为者致伤致残的救助与赔偿细则，明确见义勇为行为纠纷中的责任划定等，以更详尽的条文法则给予见义勇为者权益更好的保障。凭借制度的支撑和保障，让见义勇为者无后顾之忧，也为好人好事保驾护航。

让"南孔圣地、衢州有礼"重重落地

衢州地处浙江省西部、浙江母亲河钱塘江的源头，至今已有6000多年的文明史和1800多年建城史，是圣人孔子嫡系后裔的世居地。作为南孔文化的发源地，衢州孔氏南宗家庙是全国仅有的两座孔氏家庙之一，"南孔文化"逐渐成为衢州最具识别度的标志。进入新时代，衢州市委市政府提出了建设"衢州有礼"城市品牌的构想和框架，在2018年5月21日召开的衢州市委七届四次全会上，更是将"南孔圣地、衢州有礼"城市品牌正式纳入市委发展战略体系。这也标志着衢州南孔文化的构建在制度上正式得到确立。以南孔儒家文化为核心的传统文化是衢州有礼的"根"和"魂"。为更好制度化、规范化实践衢州有礼，衢州市主要从四方面来入手。

其一，强化法治保障。为更好地体现育德工作固根本、稳预期、利长远的保障作用，市文明办提请市人大将衢州有礼有关条款写入《衢州市文明行为促进条例》，实现用法治的力量保障衢州有礼实践。条款从维护公共设施、城市环境文明生活、文明出行等方面，对身边的不文明行为和现象做出规范，并制定了相应的处罚措施。同时，把每年的9月28日设为"衢州有礼日"，对见义勇为、无偿献血、慈善公益、志愿服务等，设定表彰奖励、关爱帮扶制度。

其二，强化宣传教育。一是加强道德模范选树。市委宣传部、市文明办联合下发《关于开展"有礼之星"选树活动的通知》，对选树出来的有礼之星进行大力的表彰激励，通过各类媒体大力宣传，对每位有礼之星加 5 分信安分，确保有礼者有得。同时，每年年终选出一批有礼之星，作为"最美衢州人"候选人。二是强化宣传报道。除常规宣传内容，重点是加强大屏幕宣传，依托市区重要场所（节点）的 54 块户外大屏幕、330 块公交系统车载视频，加强衢州有礼内容宣传，每日滚动播放 50 多条宣传视频，播放各类视频超过 500 篇，全年累计时长 20 多万小时。

其三，强化学校教育。在原来以"礼"为核心的传统文化教育为选修课的基础上，把"礼"的教育设置成一门学生必修的课程，贯穿于日常教学中。一是创新机制。市创建办联合市教育局依托全市未成年人思想道德建设工作联席机制开展全市中小学践行《衢州市民公约》"亲子共学礼"系列活动，推动"有礼"文化蔚然成风。二是明确底数。明确各类"有礼"教育行动、活动数量、时间下限，确保育德范围广、影响深、效果实。以开展争做"衢州有礼"模范生系列行动为例，明确《"衢州有礼"模范生礼仪规范"三字经"》等"衢州有礼"地方德育课程研发时间、数量，微课时长，投放人群范围。三是优化制度。结合各地村规民约、各行业职业规范、中小学生守则等制定带有"衢州有礼"文化烙印的规范，对干部群众工作、学习和生活礼仪提出易记易懂、简单可操作的规范性要求，巩固有礼育德成果。

其四，强化社会教育。市总工会牵头组织开展了单位工作人员的"衢州有礼"主题礼仪培训班，并每年举办"衢州有礼"职工风采礼仪技能大赛，抓重点、抓内容、抓实效，通过一系列的措施，进一步擦亮了"衢州有礼"的城市名片。

二、制度之善新内涵

随着中国特色社会主义实践的发展，在现实的道德制度建设中不断涌现出制度建设的新要求，拓展出道德制度建设的新内涵。当前，道德制度新内涵主要包括制度设计、制度安排以及制度执行等方面。

突出問題治理 深化道德领域 约束作用四要 會規範的引導 向三要發揮社 共政荣價值導 障二要彰顯公 化法律法規保 障作用一要強 要發揮制度保 公民道德建設

黃繼成 庚子之春

第一，制度设计重视中央顶层设计与地方创建的结合。国无德不兴。党的十八大以来，以习近平同志为核心的党中央高度重视公民道德建设，取得了一系列历史性成就。立根塑魂、正本清源，破立并举、守正创新，公民道德水平的提升使全社会的精神面貌焕然一新。习近平总书记在公民道德养成上身体力行、率先垂范，在公民道德制度建设上亲自谋划、亲自推动，高屋建瓴地提出了一系列新构想，为加强新时代公民道德的制度建设指明了前进方向、提供了根本遵循。中共中央、国务院印发《新时代公民道德建设实施纲要》作为道德制度建设的奠基性顶层设计，明确了新时代加强公民道德制度建设的保障、导向、约束和重点领域，坚持思想引领与实践养成相统一、总结经验与改革创新相结合、依法治国与以德治国并进，是习近平新时代中国特色社会主义思想在道德制度建设领域的集中体现。

在地方构建方面，当前制度设计更加尊重当地民俗风情等地方性特色，因地制宜，探索出适合本地民俗风貌的道德制度之路，完善道德建设的地方性法治支撑。例如《北京市文明行为促进条例》《长沙市文明行为促进条例》等。以浙江为例，浙江作为"法治、德治、自治"三治融合的社会基层治理模式首创地，先后颁布了《浙江省志愿服务条例》《关于进一步把社会主义核心价值观融入法治浙江建设的实施意见》等法规文件，各地制定了文明行为促进条例，把道德软规范转化为法规硬约束。浙江省深入贯彻党的十九届四中全会提出的坚持依法治国和以德治国相结合，完善弘扬社会主义核心价值观的法律政策体系，把社会主义核心价值观要求融入法治建设和社会治理要求，加快推进社会诚信、见义勇为、志愿服务、孝老爱亲、文明旅游等地方立法，推动融德入法、以德入规。此外，还着力优化社会道德环境，加强道德领域执法司法衔接，加强践行社会主义核心价值观的激励和惩戒体系建设，集中治理诚信缺失等突出问题，完善守信联合激励和失信联合惩戒机制，构建不敢失信、不能失信、不愿失信的机制和环境，建设信用浙江。

第二，制度安排从惩罚为主到奖惩结合。传统道德建设的制度规范习惯于惩治不文明行为而忽视对遵守公德、严于律己行为的正向鼓励。奖励措施是柔性的，惩罚措施是刚性的。惩罚本身不是目的，而是通过强制措施帮助受罚者养成文明的行为习惯。曾经一些地方的文明行为促进条例被称为"罚款法"，近年来很多地方在制定、修订文明条例过程中逐渐形成奖罚平衡的奖惩体系。但这不意味着弃绝惩戒措施，针对一些重点领域、公民反映强烈且久治不绝的"老大难"问题，适当加重处罚、提高违反成本，才能标本兼治。因此，现在更多的道德制度体现为奖惩并重的立法规范，这否定了把道德和功利、对美德的追求和获得物质生活的幸福绝对对立起来的伦理学主张，有利于营造德福一致、德得一致的良好氛围。例如，《北京市文明行为促进条例（草案）》提出的鼓励措施包括：建立健全北京榜样、首都道德模范等文明行为表彰奖励制度，建立文明行为记录制度，探索建立文明行为激励回馈制度，依据文明行为记录，完善有关评比表彰、积分落户加分、住房和医疗保障、公共服务优待、困难帮扶、现金奖励等优惠政策等。惩治措施则参考域外经验，按由轻到重的递进关系设置，包括劝阻制止、警告、罚款、治安处罚等，并规定了公开曝光、约谈整改、社会服务等措施。北京市人大社会建设委员会工作机构负责人表示，此次立法体现了社会共治的促进型社会立法特点，倡导和规范并重，保障与促进并行，教育在先，惩戒

涵养好品德

在后，完善了正向激励保障和负向惩戒约束措施。① 奖惩为主的制度安排为社会发展树立了可靠的道德标杆，有利于重新确认道德建设的制度治理方式与治理原则，将新时代公民道德建设推向新层次、新阶段、新境界。

第三，制度执行从松散到严格、从运动式到常态化。严格的制度执行需在制度设计的严谨性、科学性的基础上，对制度执行主体的权限、制度执行各参与方职责、制度执行过程作出详尽规定和议程设置。每一次制度执行的严格化、规范化操作是整体制度执行常态化的基石与关键，只有严格保证每一次制度执行的规范性才能确证制度执行的长效性、稳定性，维护制度执行常态化运作。制度的生命在于执行，制度的长效力在于持续稳定地贯彻。为防止执行难的问题，各地文明条例对执法主体、各方职责等都做了明确、严格、规范的规定，推动制度构筑公民道德建设的常态化规范化。《北京市文明行为促进条例（草案）》重点就政府和社会各方密切配合、共同做好文明行为促进的组织推动和监督保障进行了规范。比如明确政府及相关部门、单位加强公共设施、公共服务和公共场所的基础保障，促进社会组织和团体发挥作用，设定企业主体责任；确立文明记录、联合惩戒等 7 项工作制度机制；规定个人举报途径，相关人员及时劝阻、制止不文明行为的权利和义务等。② 可见，为营造积极向上的道德氛围、促进新时代公民道德建设，政府、社会团体、个人均有权利、有义务从各自角度出发，按照相关制度和条例规定，以规范化的操作，肩负责任、贡献力量。

严格、规范的文明条例需具备可操作性，才能有效落实制度执行常态化。对不文明行为的处罚措施的操作性要强，规定落实应具有持续性，持续性是严格性的重要参照，否则执法效果会大打折扣，或者陷于

---

① 《中国各地文明行为促进条例相继出台建设新时代公民道德》，《人民日报》2019 年 11 月 25 日。

② 《中国各地文明行为促进条例相继出台建设新时代公民道德》，《人民日报》2019 年 11 月 25 日。

昙花一现的运动式治理。对一些失德行为、因失德而引起违法的行为应通过法律予以惩戒，否则会导致错误行为无法得到有效制止，混淆法律与道德的边界。严格有效、常态化的道德制度治理是通过建立综合执法部门、利用新技术新手段、创新体制机制等举措提高执法效率和参与度，对取证困难、涉及违背道德的违法行为提高道德制度执行的持续性、稳定性。再比如对危害公物等轻微不文明行为设置赔偿罚款等物质处罚方式，增加执法手段，规定自由裁量权，整合执法力量，加强行政执法和司法执行保障、协调力度等。公民道德的制度建设，关键在制度落实的恒久性与严格性，恒久性要求与时俱进地对既成道德制度进行调整、研究、创新。

三、制度之善新问题

道德制度构建不是一蹴而就的，因为社会实践具有历史性，是一个不断更新发展的过程。道德制度要及时跟上社会道德实践和道德要求的更新发展。因此，从哲学上讲，在道德制度构建上出现问题和矛盾同样具有历史性与必然性。缓解矛盾、解决问题，关键在于剖析和认识问题所在。在建制方面，无论从中央顶层设计到地方制度细化的纵向建制，还是教师、律师、会计等不同行业的职业道德制度建设的横向营构，公民道德制度建设的范围、广度、覆盖面等均逐渐走向完善。但就历史的时间维度而言，道德制度的更新滞后于实践发展，道德制度趋于僵化、缺乏创新和生命力。在道德建制的内涵上，能够坚持尊重中国文化和外来文化，从中汲取具有生命力的、适合当代实际的因素，同时也能够坚持社会主义道德建设的原则与方法，具体体现为奖惩结合、规范建章立制的内涵逻辑。但作为制度内涵的正义伦理和德性供给后续乏力。在道德制度落实中，凸显了值得注意的矛盾——制度实效问题以及与此相关的评价问题。

第一，道德制度成为一套"僵化的体系"，缺乏实质性创新。制度对道德发展不仅有保障和促进的积极因素，也有延缓和阻滞的消极影响。当道德制度落后于实践要求、缺乏创新性时，就会对道德本身的发展产生负面影响，主要表现在以下两点：其一，陈旧、过时的道德制度未能及时淘汰，而在实践中引发冲突，进而导致道德失范。道德的发展过程中需要道德规范和道德制度的支撑，但也并非制度越多越好，陈旧的、过时的、无效或低效的道德制度、伦理规范作为落后价值观的残留，阻碍先进价值观的建立，其不仅与制度创新南辕北辙，更不能促进公民道德发展。其二，道德制度未能与时俱进，随社会实践发展作出同步革新，引起道德制度实际缺失。道德制度缺失指对于某些道德主体的行为没有相应的制度安排予以规范，形成道德制度和伦理规范系统中的"漏洞"和"真空地带"。如，我国目前的科技发展迅速而科技伦理制度更新滞后，这为一些人文素养不高、道德素养低下的科技人员造成了制度上的可乘之机。道德制度具有稳定性，但过于稳定乃至固化、缺乏灵活更新能力的制度会陷于僵化。

第二，制度成为一种"无德性的供给"，制度德性、制度正义缺失。制度正义是制度所内蕴的价值理念和道德追求，它与公民道德建设的目标是一致的，都是为了维护社会秩序、协调社会关系、促进社会和谐。但当前，制度正义缺失仍旧困扰着公民道德建设，主要表现为制度与权力勾结相谋，其背后隐藏的是公权力与利益的勾结。无德性供给的制度既不能杜绝人的偏好和私利对公共问题的影响，更无法真正维护和实现社会公平正义。制度功利主义由此产生。功利主义主导着制度的设计与选择过程，成为制度与权力勾结的原因。一方面，功利主义的结果主义特征，利用理性的算计对一切方面都进行赋值并制度化，甚至包括人的生命和价值；另一方面，功利主义遵循成本—收益的结果最大化原则，使少数人的既得利益以制度化方式而确定下来。制度的功利主义倾向引发了深刻矛盾：公权力产生寻租空间，造成了制度的道德性混乱，易滋生腐败；制度被权力挟持，引发政商勾结、权钱交易等，影响市场经济体制运行和社会公平的实现；权力勾结制度导致的制度性腐败还易伤害社会勤劳敬业的道德信念，引发不良风气。

第三，有些地方，制度仅成为一种"摆设"。事实上，建章立制不在多而在精，不在形式而在实效。由于一些制度在制定过程中，没有一切从实际出发，实事求是地基于现实、结合现实，这样生造出来的制度不免成为"一纸空文"。由于缺乏现实性，制度逃不过被束之高阁，成为"一种摆设"。这种作秀的、形式上的制度，如同只开花不结果的"谎花"，不仅不能有效落实、发挥制度实效，还挤占大量行政资源，助长不正之风，成为一种制度形式主义。道德制度成为摆设主要体现为以下三个方面：① (1) 理想化，在道德考评的制度标准和要求上无限拔高，默认每个公民都是道德楷模和圣人，使道德考评缺乏可操作性的"硬杠杆"，因而导致道德制度陷入空泛化困境，流于形式、缺乏实际意义。(2) 概念化，以党员公务员为例，虽然《中国共产党章程》《公务员法》《国家公务员行为规范》等对干部的道德修养、品行操守都予以明确的规定，但是究竟该如何依据这些标准分步实施，以促使其落到实处，并无明确详细的规定和操作细则。(3) 笼统化，在道德考评的对象上，缺乏必要的分类，导致道德要求笼统化、不能做到有的放矢，因而道德考评人人"过关"，制度建设沦为形式主义的"摆设"。

四、制度之善新实践

制度实践的历史性决定了制度实践的发展性与开放性。锚定和认知当前道德制度实践中存在的问题与限度，是为了更加有效地通过制度保障和制度治理加强我国公民道德建设。基于新时代、面向新问题、丰富新内涵，我国公民道德制度建设必须体现新的要求和新的发展。

第一，道德制度与公民生活的双向互动。制度化生活方式的构建，就是将道德制度塑造为人们内在的生活方式，推进制度的民主化进程，

---

① 袁忠：《领导干部道德考评的困境及其制度创新》，《理论月刊》2011 年第 5 期。

涵养好品德

坚持依法治国和
以德治国相结合
完善弘扬社会
主义核心价值观
的法律政策体
系把社会主义
核心价值观要求
融入法治建设和
社会治理

黄继威书

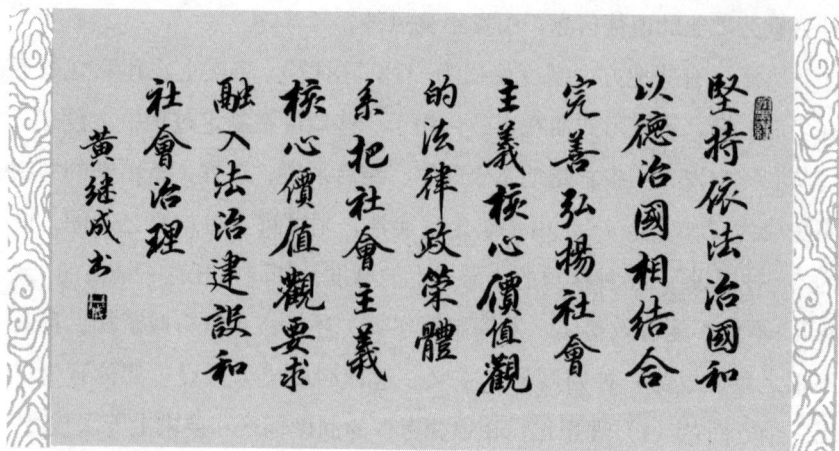

这是制度创新的根本实践来源，也是制度正义在日常生活中的真实面相。促进道德制度的生活化与日常生活的道德化、理性化是制度正义得以建立的真正基础。现代社会普遍强调制度规范建设，不仅是因为成文化的制度建设是社会文明的集中表征，更为根本的是公民生活的现代化轨迹弥新，尤其是思想精神、道德伦理、价值体系等思维意识层面的现代化要求持续升格，这势必要求道德制度化，发挥道德制度对社会生活施加有效的塑造价值。首先，道德制度与生活领域之间须保持高度契合性，才能有效引导民情、民智的现代性转变，才能自然而然地替代习惯法、非正式"法"的运作空间。其次，需要道德制度更平等和更包容地正视时代变迁带来的人民生活方式的变动和诉求更新，加快主动地改革、取消制度本身中内含的、具有落后价值的因素与条例，把那些符合现代国家和社会建设规律的德性诉求和伦理期待以制度化的方式予以正面接受和规范落实。最后，需要公民以积极的面貌把对道德制度的要求转变为落实道德制度的自我价值省思和自我道德提升的准则和动力，在心中和头脑中为自己树德立法，推动个体内在生活的理性化、道德化、法治化，增强公民间的相互信任和良性互动，从而推进国家制度建设与公民道德建设的现代化进程。

第二，道德要求与法律规范的互济共治。德润心，法正身。将道德要求转化为法律规范，将法律规范内化为道德要求，需要明确公共道德法制化的内容选择，这是制度正义的必然要求，也是增强制度实效的应有之义。一方面，公共道德的法制化内容需要考虑到人之为人的人性价值和道德诉求。另一方面，法律设置也要考虑将道德要求纳入立法和执法、司法层面，才能引导和激励社会更高效守法。现代社会，道德发展从人格道德转变为制度道德，然而并不等同于摒弃人格道德，人格道德是中国传统的道德，也是法律道德化的基础。因此，在立法、执法、司法层面均要充分尊重对象行为人的人格尊严，全面考虑立法、文明执法、公平司法，依法依规保障目标行为人的合法权益。若没有人格道德，法律的道德化和制度正义的愿景也就成为形式空洞的摆设。法律道德化需要以维护社会公共秩序为最终目标，同时需要以不侵犯每个公民的合法权利作为限度，法律道德化除了法律强制，更应该注重强制基础上促进公民合法权利、更好地回应道德要求、释放制度正义的柔性关怀与德性施与。因此，公共道德也不能仅靠法律的强制性产生，法律亦要道德浸润，来逐渐形成良好的社会公共道德。如果法律淡化道德浸润，则变相地成为强权道德，长久只会起到负面的社会效果。

第三，推进网络空间道德建设的制度化。其一，加强网络内容建设的制度化。网络内容建设是一项系统工程，具有复杂性、艰巨性。推进网络内容建设，必须坚持党的全面领导。建立一套加强网络内容建设的社会管理机制，着力打造一批以马克思主义为灵魂、能够弘扬社会主义核心价值观、能对网上热点话题和突发事件予以正确有效引导、具有中国特色、中国风格、中国气派的网络话语传播体系，建立一套网络创作生产传播惩恶扬善的激励惩戒机制，引导互联网企业和网民创作生产传播格调积极健康、饱含真善美内涵的作品，使人类优秀文明成果、正确道德取向成为网络空间主流。其二，在市场经济条件下，要使网上行为主体养成文明自律的网络行为，必须建立和完善规范网络行为的道德准则和文明条例，明确界定网络行为的是与非、善与恶、美与丑、荣与辱等，对伤害他人、不尊重他人知识产权和隐私权、发布虚假信息、制作和传播"庸俗低俗媚俗"等有违公序良俗及社会主义核心价值观要求的网络行为予以明确界定，划定底线红线。文明自律网络行为的养成，需要以法律规范为基础。相关法律法规的制定和完善，要体现规范网络行为的道德准则和文明条例，各地网信办要加大对网络从业人员、网络机构、网络传播平台遵守网络行为道德准则和文明条例的检查、监督职责，明确设立有违网络行为道德准则和文明条例的举报平台。对于已经查实的网络违规行为，坚决予以惩处，让体现网络行为道德准则和文明条例的法律法规成为带电的高压线，从而引导广大网民自觉尊德守法，自觉维护良好网络秩序。① 网络是现代社会的基本生活方式，深刻影响着社会思想观念和公民道德行为。网络空间是公民共同的精神家园，制度化营造天朗气清、生态良好的网络空间，培育积极健康的网络风气，符合最广大人民群众的根本利益。

---

① 周义顺：《新时代网络空间道德建设的制度化路径》，《光明日报》2019 年 12 月 3 日。

[第九讲]

以道德治理规范素质养成

　　要综合施策、标本兼治，运用经济、法津、技术、行政和社会管理、舆论监督等各种手段，有力惩戒失德败德、突破道德底线的行为。要组织开展道德领域突出问题专项治理，不断净化社会文化环境。

涵养好品德

《新时代公民道德建设实施纲要》中指出，"道德建设既要靠教育引导，也要靠有效治理。"① 如果说，道德教育是一种"建设性"事业，为的是树立起内心的良善旗帜，那么道德治理就是一种"批判性"工程，为的是解决社会生活中的失德败德行为。道德教育的核心是"立"，道德治理的主旨是"破"，一立一破，破立并举，共同作为新时代公民道德建设的双轮驱动力量。从广义来说，道德治理是用道德原则和手段治理社会问题，从狭义来看，道德治理是指对道德领域中突出问题的治理，本讲主要是在后者的意义上使用道德治理概念。道德治理的核心要旨在于惩恶扬善，弘扬美德义行。其中，惩治失德败德、突破道德底线的行为是手段和重点内容，弘扬美德、形成良好的社会风气是根本目的。从历史发展来看，无论古代还是现代，无论中国还是西方，道德治理都是国家治理的重要组成部分，历史上也留下了丰富的道德治理经验。党的十八大以来，以习近平同志为核心的党中央高度重视国家的道德建设，突出问题导向和目标导向的有机统一，德治与法治的双向并行，将道德治理作为一项系统工程，主张"综合施策、标本兼治，运用经济、法律、技术、行政和社会管理、舆论监督等各种手段"开展道德治理，为道德治理提供了价值导向和方法指导。

---

① 《新时代公民道德建设实施纲要》，北京：人民出版社 2019 年版，第 24 页。

一、道德治理新故事

面对新时代道德领域的突出问题，我们不该无所作为，而应积极作为。党和国家高度重视道德治理问题，将道德治理作为国家治理的重要组成部分，并将以往以政府为指导的治理模式转变为党委领导、政府主导、社会协同、公众参与、法治保障的多元治理格局。在道德治理的过程中，有很多故事和案例为我们呈现出新时代道德治理的新特征、新气象，其中既有个人的典型事例，也有政府机构的典型案例，从中总结出一些新经验、新思路，对于未来道德治理具有重要的借鉴意义。

罗莉香：坚守执法一线，护航食品安全

广西壮族自治区南宁市马山县市场监督管理局餐饮股股长罗莉香大学毕业后全身心投入食品餐饮监管工作。作为一名基层食品安全监管人员，她严把从"农田到餐桌"的每一道防线，有效防范重大食品安全事故发生，保障食品安全。2018年，罗莉香荣获马山县"三赛一节"先进个人。

餐饮服务食品安全监管工作的基本特点是安全风险高、专业要求高、社会风险大、污染因素多，因此，食品安全监管人员不仅要全面落实食品安全"四个最严"要求，还要有扎实的专业知识和过硬的执法检查本领。如何让自己从食品安全监管新人迅速成长为业务骨干？自2015年加入食品安全监管队伍后，罗莉香便对自己严格要求，跟着前辈学习实践，工作之余，通过钻研《食品安全法》等相关法律法规，收集分析与食品餐饮安全相关的案例，不断积累餐饮服务食品安全监管的经验，努力提升食品安全监管业务水平。

一次，罗莉香在审核辖区一家饮品店办证的过程中，发现该饮品店未设专间，不符合专间"三防"设施建设要求，便向该店下发了整改通知书。没想到，第二天这家饮品店的店主便在微信朋友圈说："你

们的几句话，就让我多花了几千块钱……"并附上了整改通知书的图片。罗莉香立即赶到该店了解情况。原来，该店面才装修到一半，根据整改通知书的要求，店主认为设置专间需要拆掉吧台重建，既花钱又浪费人力物力，一气之下便在朋友圈里抱怨。怎样才能说服店主配合整改？罗莉香首先想到了餐饮食品的相关案例。于是，她通过列举某饮品店因未建立健全"三防"设施，顾客在饮品中喝到苍蝇向市场监管部门举报，涉事饮品店不仅被处罚了5000元，其店面形象也受到了不良影响……经过罗莉香耐心的解释沟通，店主终于删除了那条充满怨气的信息，并承诺配合整改。"经过这件事后，我意识到在执法过程中，需要加强与经营户的沟通，在加强食品安全监管的同时，还要引导好餐饮单位自觉落实主体责任，诚信经营。"罗莉香说。

为保障从"农田到餐桌"的食品安全，罗莉香还带领餐饮企业努力提升食品快速检测能力，打造马山县食品检测中心、建立乡镇所快检室等，加大食品原料监管力度，加强源头监管；积极推进"明厨亮灶"，通过在马山县的学校食堂、部分餐饮店安装视频监控系统，加强食品加工过程监管，强化社会监督。

南宁市：凝聚道德力量，构筑道德高地

作为深入实施公民道德建设工程的有效抓手，开展道德领域突出问题专项教育和治理活动，通过发挥市民主体作用、构建诚信体系等多方面狠抓道德领域突出问题专项教育和治理，着力解决诚信缺失和公德失范问题，凝聚道德力量，构筑道德高地。南宁市近年来通过开展"道德讲堂"，大家"唱一首道德歌"，"分享身边一个好人的故事"，让广大群众在潜移默化中见贤思齐、创先争优。

1.齐抓共管形成建设合力

南宁市委、市政府成立由31个成员单位组成的联席会议，把专项教育治理活动纳入市重点督查内容。通过开展道德实践活动，完善机制建设、培育诚信主体，形成社会各界齐抓共管的局面。以"感恩

教育"主题活动为载体，大力弘扬雷锋精神、广西精神、南宁精神，推动社会各界形成"知恩、感恩、报恩，爱党、爱国、爱民"的热潮；以"道德讲堂"建设为抓手，加强食品行业及窗口行业等基层单位的监管人员、从业人员职业道德、家庭美德、社会公德、个人品德教育培训。随着专项活动的持续深入开展，能帮就帮、俭以养德、文明用餐等文明行为成为市民的自主意识和自觉行动；自律守法、诚信经营成为餐饮、食品行业起码的准则，并朝着制度化、规范化、标准化发展。

2.道德楷模成榜样力量

一堂堂以传播经典国学和深入开展道德建设为目的的特殊的"道德讲堂"在南宁市各县区各单位全面铺开，国学经典深入民心，道德楷模引领道德风尚。来自市文明委的一组数据显示，全市200多个"道德讲堂"示范点建设完成，举办了5场大型"道德讲堂"现场观摩会，指导各县区、街道、社区、单位及各系统行业推进"道德讲堂"建设。各县区、街道、乡镇、社区、机关及各级文明单位的"道德讲堂"陆续开讲、持续升温，各单位纷纷按照"道德讲堂"建设标准要求，结合各自实际，办出特色品牌。通过"道德讲堂"，更多的平凡英雄和凡人善举进入公众的视野。在这一桩桩凡人善举中，传递的是一种人与人之间守望相助的质朴感情，是一种力所能及举手之劳的美德，他们平凡而又伟大的事迹在全市上下引起了强烈反响，成为市民争相学习的榜样，成为广西精神、南宁精神的具体实践和传承。

3.餐饮食品行业治理见成效

借得东风好行船。南宁市通过加强道德教育与依法解决问题相结合的办法，切实加强行业管理，在食品行业、窗口行业、公共场所等领域的治理取得了一定成效。商务部门采取排查、巡查、突击检查、循环检查、重点打击、依法拆除等多种方式，加大对生猪私屠滥宰的打击力度。市食品药品监督管理部门以打击食品非法添加和滥用食品添加剂及"地沟油"的专项整治行动为重点，先后开展"学校及学校周边餐饮食品安全""中高考考点学校食堂食品安全""火锅底料""酒类食品安全"等十多个专项整治工作。工商部门坚持"打防结合"，着力加强食品安全宣传教育和食品市场监管。

以上两则案例中，罗莉香的道德治理案例突出了个人主体在道德治理中的重要作用。道德在本质上关涉个人主观的自由意志，正如黑格尔所说，"道德的观点，从它的形态上看就是主观意志的法。"① 康德也强调出于自律动机的道德行为才是真正的道德，道德治理要深入到每个人的内心和自由意志之中。不管是道德治理的主体，还是道德治理的客体，最终都会归结为人与人之间的关系。只有具有良心和善性的人才能真正教育失德者，被教育和治理的人只有在内心中生成自律意识才能真正有效规

道德建设既要教育引导也要靠有效治理

庚子之春 黄继成书

① [德] 黑格尔：《法哲学原理》，范阳等译，北京：商务印书馆 1961 年版，第 128 页。

避道德风险。罗莉香作为食品安全监管者，代表着一个道德主体，她用自己的主观能动性，运用各种方法加强食品安全监管，保障企业诚信经营。她的突出之处在于注重人与人之间的"共鸣式"关系，通过"己所不欲，勿施于人"的道德黄金法则，以将心比心的道德感化力教育企业经营者。她不仅关注人与人之间的关系和沟通，也强调系统治理和科学治理，力求从"农田到餐桌""从源头到结果"实现诚信经营和食品安全，并通过食品监控等技术手段加强监管效果。罗莉香的道德治理案例是新时代道德治理过程的一个缩影，它展现了新时代道德治理个人主体面对道德领域新问题的智慧和努力，凸显公民个人道德素养提高的重要性，为新时代道德治理提供了样板。

当然，新时代道德治理主要还是由政府负责和主导。当前，社会上的很多道德问题和道德风险是一种整体性的道德生活图景，不是由某个人的道德问题决定的，更多是由社会环境和制度问题导致的，包括经济生产体制、教育体制、文化环境、社会风气、制度建设等。因此，对于这些道德问题，单独的个人是无法解决的，道德治理在经济社会发展中仍需落实到制度建设上，其中政府责无旁贷。南宁市政府的道德治理案例是全国道德领域突出问题专项治理的典型之一，凸显了政府在道德治理中的独特作用。政府部门以资源分配、政策制定、制度保障、教育培训、行政执法等手段大力实施道德治理行动，政府相比于个人的优势在于：首先，政府具有合法强制力，能够依法依规对道德问题进行处罚；其次，政府的政策实施具有广泛性，其治理措施和行动能够覆盖较大的范围；最后，政府拥有巨大的资源优势和制度优势，政府通过顶层设计和制度安排，将资源分配到道德治理之中，从而推动道德治理的有效实施。

二、道德治理新内涵

"道德治理"作为一种重要的社会治理方式，具有鲜明的历史性。

随着社会历史的不断发展，"道德治理"的内涵也随之发生改变。在新时代，国家将道德治理纳入国家治理体系，将法治和德治两手抓，道德建设与道德发展并行，彰显出独特的时代特色。

理解道德治理，首先要明晰道德和治理的概念。从词源学的角度来看，在西方，道德（morality）一词源于"风俗"（mores），mores 是拉丁文复数词，其单数词 mos 指个人的品格，因此可以将道德理解为风俗、习惯、品格等。在中国，道德的含义比较丰富。"道"最初含义是道路，后来又有规律、事理等意义，用于社会历史领域，其意义是指人们所遵守的社会规范。"治理"（governance）一词源于拉丁文和古希腊语，意为控制、引导与操纵。"长期以来它与'统治'一词被人们交叉使用，并且主要被用于与国家的公共事务相关的管理活动和政治活动。"[①] 后来，治理含义逐渐得到扩展，不仅用于政治学领域，也用于其他社会经济领域中，并且与原有的统治之义相分离，突出"善治"之伦理指向。总体而言，治理一般是指"官方的或民间的公共管理组织在一个既定的范围内运用公共权威维持秩序，满足公众的需要。治理的目的是在各种不同的制度关系中运用权力去引导、控制和规范公民的各种活动，以最大限度地增进公共利益。"[②] 因此，治理也具有道德善的价值指向。

新时代的道德治理建立在治理理论和国家治理实践的基础上，具有鲜明的中国特色、时代特色和现实关怀，超越了传统的道德治理理念，呈现出新的内涵和新的特点。

首先，将道德治理纳入国家治理体系。党的十八届三中全会将"完善和发展中国特色社会主义制度，推进国家治理体系和治理能力的现代化"作为全面深化改革的总目标。党的十九届四中全会又接着对这一问题进行了深化研究和战略部署，强调中国特色社会主义制度的独特优势

---

① 俞可平：《论国家治理现代化》，北京：社会科学文献出版社 2014 年版，第 17 页。
② 俞可平：《论国家治理现代化》，北京：社会科学文献出版社 2014 年版，第 21 页。

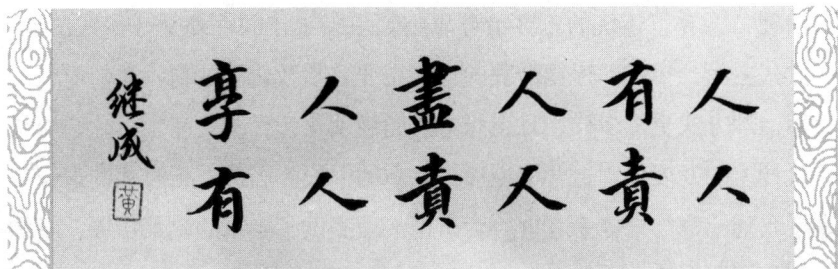

和制度自信，将国家治理体系和治理能力作为中国特色社会主义制度及其执行能力的集中体现。由此，国家治理问题成为中国实现现代化和中华民族伟大复兴的重要命题。国家治理不同于传统的国家统治和国家管理，它强调多元治理主体、多种治理手段、多重治理领域的有机统一，以实现社会公平正义和人民的根本利益为根本目的，具有显著的现代性特征，是对传统国家统治方式的历史性超越，是适应时代发展的治理新范式。其中，国家治理体系是一种系统性、完备性的治理体系，包括政治、经济、文化、社会、生态、政党等多个治理领域。

新时代，国家将道德治理纳入国家治理体系之中，从国家治理现代化的高度赋予道德治理新的内涵、功能和特点。道德治理作为新时代国家治理体系的重要组成部分，在理念、内容、主体、方式等方面与传统道德治理相比有着本质的区别。在理念方面，传统的道德治理强调国家以公共权力通过道德教化等方式稳定社会秩序，是一般意义上的"以德治国"。新时代的道德治理并不是简单复述"以德治国"，而是更加强调对道德领域突出问题的系统治理、综合治理和专项治理，将道德治理置于创新国家治理的宏大视野之中，具有显著的问题意识和时代特色。在内容方面，传统的道德治理关涉政治、经济、文化、社会等众多领域，新时代的道德治理更加具有针对性，在"扬善"的基础上更加重视"抑恶"，将构建公德和制度正义作为重点，关注社会各领域中存在的道德问题。在主体方面，传统的道德治理主要将政府等国家机构作为道德治理主体，新时代的道德治理的主体是多元的，包括政党、政府、社会组织、公民个人等，在发挥政府主导作用的同时，强调多元主体之间的协同治理，扬弃了传统的主客治理思维，主张主体间性和交往实践治理。在方式方面，传统的道德治理的方式主要包括教化和惩罚，而新时代的道德治理方式更加多样，且主张方式的制度化、民主化和生活化，网络信息技术的发展也为道德治理提供了新的手段。因此，新时代的道德治理融入到国家治理体系之中，为道德治理提供了丰富的政策指导、精神引领和资源支持。

其次，法治与德治两手抓。道德和法律是两种行为规范方式，在人类历史发展过程中，道德与法律长期作为国家治理的两种互相补充、互相促进的治理方式，区别在于二者何为主导的治理方式。在传统中国，"德主刑辅"是主要的治理方式，而在现代中国主要强调法律治理与道德治理协同并进。新时代，以习近平同志为核心的党中央高度重视德治与法治的有机统一，既要求以德治国，也要求依法治国。习近平总书记认为法治和德治不可分离、不可偏废，其中法律是准绳，道德是基石，任何时候都必须遵循。因而，"治理国家、治理社会必须一手抓法治、一手抓德治，实现法律和道德相辅相成、法治和德治相得益彰。"① 新时代的道德治理作为国家治理体系中的重要组成部分，也应该坚持德治与法治的统一，一手抓德治，一手抓法治。因为新时代的道德问题是复杂多变的，既有传统遗留的道德问题，也有社会转型带来的价值困惑和道德难题，更有外来文化带来的道德观念的混乱，仅仅通过柔性的道德手段无法有效解决问题，必须将具有刚性和强制性的法律融入其中，才能标本兼治。可以说，新时代道德治理不仅依赖自律，也依赖他律，而且根据当今社会的道德状况，他律是基本和核心，抑恶是前提和基础，自律是道德治理的努力方向和根本目的。面对社会各领域突出的道德问题和现象，将德治与法治两手抓是道德治理的必然之举。

具体来说，道德是法律的基础，道德为法律树立起鲜明的价值导

---

① 《习近平总书记系列重要讲话读本（2016年版）》，北京：学习出版社、人民出版社2016年版，第90页。

向，因此，道德治理过程中要坚持社会主流的道德标准，使我国法律真正成为捍卫正义、维护人民利益的武器；道德作为内心的法律，必须发挥好道德教育的作用，提升人们的道德素养，使人们自觉遵守法律；必须把社会主义核心价值观贯穿立法、执法、司法全过程中，"把一些基本道德规范转化为法律规范，使法律法规更多体现道德理念和人文关怀"①。法律是道德的保障，法律作为一种硬约束手段，可以有效惩治道德手段无力约束的失德败德行为，为道德治理提供良好的制度保障。习近平总书记强调指出，要"运用法治手段解决道德领域突出问题"②。立法方面，完善相关法律制定，保障人民权益；执法方面，对于群众反映强烈的失德行为，突出的诚信缺失行为等加大执法打击力度；司法方面，发挥法律惩恶扬善的功能，打击假恶丑，弘扬真善美。

再者，道德建设与道德发展并行。新时代的道德治理不仅强调政府自上而下的道德建设，也强调社会组织和公民自下而上的道德发展。道德建设强调的是自上而下，包括建设的目标、方式、内容和要求，道德发展强调的是公民道德自身的道德意识、道德能力、道德行为的体现、提升。之所以强调道德建设与道德发展的协同并行，是因为新时代的道德状况相比以往发生了新的变化。在传统的熟人社会中，道德主体之间相对比较熟悉，由此生发出的道德问题也主要在私人领域中处理和解决。因此，传统中国强调修身为本。只有在修身的基础上，才能进一步齐家、治国、平天下。改革开放以来，社会主义市场经济体制逐步确立和发展，政治体制改革也随之开展，与此相适应的竞争理念、权力理念、效率观念、民主意识不断萌生，开放的社会经济环境也催生了复杂多元的利益个体和群体，人们的主体意识不断增强，不同的个人或群体基于自身的利益追求形成了不同的价值观念，价值多元化趋势不断加强，社会的主流价值观受到一定程度的冲击，价值困惑和冲突不断增

---

① 《习近平谈治国理政》第二卷，北京：外文出版社 2017 年版，第 117 页。

② 《习近平谈治国理政》第二卷，北京：外文出版社 2017 年版，第 134 页。

多，社会的道德准则被削弱，道德虚无主义时有泛滥，网络信息技术的发展加大了这一趋势，新时代的道德治理面临着价值认同的困境。因此，新时代的道德问题既表现在公民个人层面，也表现在社会层面和国家层面，呈现出多层次多领域的复杂特征。面对这种情况，党和国家强调用社会主义核心价值观引领思想道德发展，促进价值认同。社会主义核心价值观建设集中彰显了道德治理的多元共治特征，既强调国家层面的道德建设，也强调社会层面和公民个人层面的道德发展。

三、道德治理新问题

道德治理关涉几个重要因素：道德风险评估、道德治理主体、道德治理对象、道德治理手段、道德治理目的等。以这些要素为参考系，新时代道德治理主要表现出以下特征和问题：

（1）道德风险的评估不足。对道德问题和风险进行前置评估和预测是道德治理的前提之一。新时代中国的复杂性和不确定性逐渐增多，随之而来的各种风险也随之增多。在复杂的"风险社会"中，社会各领域中的一切决策和行为都有可能造成严重的道德风险。诸如在保险领域中，在双方信息不对称的情况下，委托方和代理方都有可能做出侵害他人利益的不良道德行为；在股份制的大型企业中，由于经营权和所有权的分离，经营公司的人可能为了个人的利益而侵害公司所有人即股民的利益；在政府做出的公共政策中，由于对公民的真实需要缺乏调查和了解，也可能形成不良的道德后果，偏离本来的公共目的。道德风险不等于现实已经存在的道德后果，而是未来潜在风险，很难预测，但可以通过加强信息收集和共享、提高道德素养、开展风险评估和计算等来降低风险发生的概率。规避道德风险的根本就是面对风险、"共担风险"，切实加强道德风险评估和治理。然而国家在道德治理过程中，主要强调治理社会中已经存在的道德问题，但是很多道德风险属于再造风险，比如技术、环境问题带来的风险问题，国家对于这些潜在的道德风险估计不足。

（2）道德治理主体呈现多元化趋势，但公民参与程度较低。新时代的道德治理主体不断增多，呈现多元化趋势，既包括政党和政府组织，也包括各类社会组织和公民个体。这种趋势根源于社会利益的多元、细化、分化。不同的利益个人或群体基于自身利益可能会做出损害他人利益的不道德行为，而且这种不道德行为所担负的成本代价在陌生人社会中较低。当然，这些现象也因此内在催生多元主体促进和直接参与道德治理，其根本目的是为了维护自身的利益。在陌生人社会中，私德空间被压缩，公德建设成为重点，人与人之间在公共领域中的道德行为是实现相关主体利益最大化的必然选择。于国家来说，开展道德治理是团结民众，维持社会和谐稳定的关键；于社会组织来说，开展道德治理是实现组织利益最大化的必然举措。相比于国家与社会组织来说，个人开展道德治理与自身利益有时候并不必然统一，相反，违背道德准则在短期更能实现自身利益的最大化，因此，公民个人相比于国家与社会组织并没有强烈的道德治理动机。在当今社会中，为了自身的利益，做出损害他人利益的不道德行为，或者看到公共空间中的不道德行为采取冷漠旁观的态度还是存在的，这也是目前我国道德治理的难点问题。因此，公民参与道德治理的主动性和积极性不足，此外，公民自我治理以及参与道德治理的能力也比较薄弱。动机不足必然导致意识和行为的逃避和不作为，政府与社会的奖惩机制也不够完善，一定程度上无法有效激励公民参与道德治理中来，公民参与道德治理的获得感、满足感和自豪感不强。

（3）道德治理对象不断扩展，道德治理的及时性、有效性不足。首先应该明确的是，市场经济的快速发展，信息技术的强势冲击、多元文化的深度交流，都给道德治理带来了挑战。其负面影响主要表现在：一些人将金钱看作一切，为了个人利益而不惜牺牲他人利益，个人主义、享乐主义、拜金主义盛行，道德滑坡和道德冷漠现象不断增多，人与人之间的利益冲突加剧，价值观念的矛盾和伦理风险不断凸显。这些新的

系统治理
依法治理
综合治理
源头治理

继成

道德问题逐渐成为国家的道德治理对象。面对这些新的复杂的道德问题，道德治理的及时性和有效性不足。及时性不足体现在对道德风险的评估、预测、分析不足，没有及时将问题扼杀在萌芽阶段；对道德问题的处理不够及时，往往等到问题复杂化、扩大化之后才开始采取行动。有效性不足主要体现在常常以普遍化、程式化的方式处理道德问题，缺乏针对性，往往选择性回避或者忽略一些重要的问题关节点，导致治理效能大打折扣。另外，道德问题的日益复杂化也提高了道德治理的难度，道德治理的能力仍然需要大力提高。

（4）道德治理手段不断增多，但尚未形成合力。一般来说，新时代的道德治理手段可以分为正式的制度化手段和非正式的手段，或者主要分为道德手段和法治手段。为了有效应对新时代的复杂道德问题，除了传统的制度化手段和道德手段，非正式的手段和法治手段不断增多，另外，经济、技术、舆论监督等多种方式逐渐成为道德治理的有效手段。但是这些方式和手段尚未形成道德治理的合力。首先，在解决某一领域的特定道德问题时，尽管有多种方式可供使用，但由于路径依赖和思维惯性的作用，最终往往仍然运用传统单一的手段。其次，这些手段本身并不是中性的，在运用过程中也存在一定的道德风险，产生新的道德问题，从而削弱道德治理的效果，比如政府部门在运用信息技术开展道德治理时，也可能造成信息垄断和隐私侵犯问题。另外，不同的手段造成的效果并不一定是同向的，有可能产生冲突。最后，手段仍然需要靠主体来实施，因此从根本上来说手段的功用取决于道德治理主体的素质、能力和水平，如果道德治理主体无法合理有效运用各种手段，道德治理效果的最大化也将无法实现。

（5）道德治理目的立足底线，但高位要求不彰。一般来说，"道德治理的目的是克服和消除突出道德问题及其所产生的负效应"[①]。正如马克思所说："人类始终只提出自己能够解决的任务，因为只要仔细考察就可以发现，任务本身，只有在解决它的物质条件已经存在或者至少是在生成过程中的时候，才会产生。"[②] 这种目的观凸显问题意识和底线思维，现实中人们的道德治理行为也主要遵循这种目的观，"兵来将挡，水来土掩"，遇到问题解决问题。但是正如上文对治理的内涵阐释，治理不同于统治，治理有更崇高的善之目的，尤其对于道德治理来说，它区别于法治和其他领域的治理，更应凸显高位价值。因此，在开展道德治理的过程中，应该把底线保障和高位目的结合起来，既要解决现实中存在的道德问题，也要以社会主义核心价值观进行恰当引导，以提高公民整体性的道德素养为根本目的。然而，目前的道德治理仍然与道德教育过度区分开来，仅仅凸显底线要求，高位要求不彰。此外，新时代的现实逻辑也要求着重加强底线问题的治理，随着全体公民素质的提高，道德治理的目的将会逐步提升，这是历史发展的必然逻辑。

---

① 龙静云：《道德治理：核心价值观价值实现的重要路径》，《光明日报》2013 年 8 月 10 日。

② 《马克思恩格斯文集》第 2 卷，北京：人民出版社 2009 年版，第 592 页。

四、道德治理新实践

党的十八大以来，国家日益重视社会治理问题。十八大提出，"要加快形成党委领导、政府负责、社会协同、公众参与、法治保障的社会管理体制"，十八届三中全会将治理概念渗透进国家的发展战略之中，提出"全面深化改革的总目标是完善和发展中国特色社会主义制度，推进国家治理体系和治理能力现代化"，并创造性提出社会治理概念，强调"系统治理、依法治理、综合治理、源头治理"。党的十九大提出，要"打造共建共治共享的社会治理格局"，并且这种格局是"人人参与、人人享有"的。在此基础上，党的十九届四中全会，进一步提出"人人有责、人人尽责、人人享有"的社会治理共同体，突出了责任意识和治理共同体目标。道德治理是社会治理的重要组成部分，国家针对道德治理也提出了具有针对性的要求，在《新时代公民道德建设实施纲要》中，提出"要综合施策、标本兼治，运用经济、法律、技术、行政和社会管理、舆论监督等各种手段，有力惩戒失德败德、突破道德底线的行为。要组织开展道德领域突出问题专项治理，不断净化社会文化环境。针对污蔑诋毁英雄、伤害民族感情的恶劣言行，特别是对于损害国家尊严、出卖国家利益的媚外分子，要依法依规严肃惩戒，发挥警示教育作用。针对食品药品安全、产品质量安全、生态环境、社会服务、公共秩序等领域群众反映强烈的突出问题，要逐一进行整治，让败德违法者受到惩治、付出代价。建立惩戒失德行为常态化机制，形成扶正祛邪、惩恶扬善的社会风气。"① 因此，多元主体共治，多种手段施策，开展专项治理是新时代道德治理实践的新思路。

首先，多元主体共治。道德治理关涉公共领域的价值认同与引领，仅仅通过政府强制性的管理和惩治是不够的，它也需要全体公民的共同

① 《新时代公民道德建设实施纲要》，北京：人民出版社 2019 年版，第 24—25 页。

努力，多元共治是道德治理的应有之义。"多元共治不是弱化了国家的职能，使国家的权威降低，而是以国家治理为主导，社会组织和公民组成的多元主体共同参与的方式，加强监督和防范体系，有效地预防和规避社会道德风险。"① 在多元治理格局中，政府要发挥道德治理的主导作用。政府在道德治理中至关重要，政府掌握着立法权和行政权，通过制度手段分配资源，协调社会利益，以实现社会公平正义。可以说，政府是政治属性和道德属性的有机统一体，内含公共理性和公共价值取向，具有引领社会和谐发展的功能和职责，并且担负着将社会主义核心价值观培育落到实处的责任。社会要发挥道德治理的协同作用。社会是道德问题的主要生发带，在陌生人社会中，人与人之间的利益容易发生冲突；由于信息的不对称，在人与人交往的过程中，隐藏着复杂的道德风险，诚信问题、道德冷漠问题凸显；文化多元化趋势下人们进行价值排序和道德选择时也存在冲突和矛盾。改革开放催生了众多新型的社会主体，企事业单位不断增多，共青团、妇联、工会等群众组织日益壮大，城镇和乡村的群众性自治组织的治理水平不断提高，其他各种类型的新社会组织积极维护自身的利益，为本群体要求发声，社会呈现出一幅多元复杂的社会图景。这些社会组织是人民自己的组织，有利于积极地发挥人民的积极性和创造性，在道德治理中起着联结政府和公民个体的作用。公民个体要积极参与道德治理。道德治理归根到底还是要落实到公民个人身上，政府和社会组织的道德治理手段只是外在的约束，道德治理的治本之策在于公民内在的道德自觉和自我约束，关键在于个人的道德自律。公民个人参与道德治理可以从两个方面进行：一方面，公民个人积极配合政府和社会组织的道德治理措施，发挥自身的能动性主动性，通过网络等新媒体发现身边的道德问题，同时积极宣传正面的道德行为事例，弘扬真善美。另一方面，公民个人在追求个人幸福生活的过程中应该不断提高自身的道德修养，形成道德自律意识，既要严格要求

---

① 周谨平：《国家治理与社会治理》，长沙：湖南大学出版社 2018 年版，第 180 页。

自己，也要积极助力周围整体良好风气的养成，形成人人讲道德、人人守道德的氛围。

其次，多种手段施策。道德治理是一个复杂的系统工程，作为国家治理体系的重要组成部分，可以运用经济、法律、技术、行政和社会管理、舆论监督等各种手段综合施策，提高道德治理的效能。道德问题背后根本上牵涉利益问题，因此通过经济手段，解决人们的利益争端和分歧是道德治理的治本之策。法律是道德治理的重要保障，通过制定道德治理的相关法律法规为道德治理提供法律依据，并且及时将社会中普遍认同的道德准则转化为法律条文；政府应严格依照法律严惩社会中的失德败德行为，积极激励参与道德治理的公民和群体；公平公正地裁决和审判道德治理过程中的纠纷和问题。现代信息技术的发展为道德治理提供了有力的治理技术、治理平台和资源保障。加大资金和硬件设施的投入，充分发挥大数据、云计算等信息技术的优势，充分借鉴国外社会道德治理的经验，建立公共生活行为规范信息平台，把道德的感召力、舆论的引导力与法律的威慑力有机结合起来。行政和社会管理是道德治理的基本手段，通过行政法规和公共政策手段推动道德治理。公共政策涉及公共利益的分配和调节，是社会资源配置的重要手段，包括一系列的制度、法规、条例、措施、办法等。政府通过制定有关社会保障制度、慈善制度、住房制度、金融制度等，激励和约束社会成员履行相应的道德责任和义务，促进公民践履社会道德，推动社会良好道德风尚的形成。道德治理不仅需要有效实施，更需要监督评估，应该明确道德治理评价监督的主体，及其相应的职责，特别要建立合理的、宣传道德正能量的现代大众传媒的舆论评价监督体系。充分发挥市民社会的作用，构建广大群众参与的常态化的评价监督制度，把道德治理评价与人们的工作评价、行为评价有机结合。

另外，开展专项治理。开展道德领域突出问题专项教育和治理，是党中央从全局和战略出发、深入分析当前道德治理形势作出的重大决策，对于提升公民道德水平、促进社会文明进步具有重要意义。道德领域突出问题专项教育与治理要以建设社会主义核心价值体系为根本，遵循道德建设规律，发挥群众主体作用，坚持群众自我教育管理与发挥部门职能作用相结合，坚持加强道德教育与依法解决问题相结合，坚持阶段性教育治理与强化制度建设、建立长效机制相结合，采取有效措施解决道德领域的突出问题，引导人们树立社会主义荣辱观，在社会中形成知荣辱、讲正气、促和谐的良好风尚。一般而言，专项治理应以突出解决同人民群众生活关联度高、社会关心关注度高的食品行业、窗口行业和公共场所三大领域教育治理为重点，着力解决诚信缺失和公德失范问题，增强干部群众诚信意识、公德意识、责任意识和文明意识。具体来说，食品行业、窗口行业管理部门和公共场所的管理部门要采取强有力措施，加大执法检查力度，坚持严管重罚，大力整治诚信缺失和公德失范等群众反映强烈的突出问题。要把教育治理活动与行风政风建设有机结合起来，健全规章制度，落实监管责任，堵塞管理漏洞，形成长效机制。要结合加强和创新社会管理，综合运用行政、法律、教育、舆论等手段对公共场所进行教育管理引导，促进社会公德水平提高。

[第十讲]

以清朗有序净化网络空间

网络空间是基于现代信息网络技术而架构的场所，作为一种"虚拟存在"，网络空间中的自由体现为一种"有限的自由"，网络空间中的交注体现为一种以"流动介质"为依托的"无中心的交互"，形成了与现实生活的强烈反差。网络空间已经并正产生诸多问题。因此，积极开展网络空间的道德建设，构建合理有序的网络空间，成为公民道德建设的新场域和新要求。

涵养好品德

《新时代公民道德建设实施纲要》中提出，"网络信息内容广泛影响着人们的思想观念和道德行为。要深入实施网络内容建设工程，弘扬主旋律，激发正能量，让科学理论、正确舆论、优秀文化充盈网络空间。"[①] 习近平总书记指出，"网络空间是亿万民众共同的精神家园。网络空间天朗气清、生态良好，符合人民利益。网络空间乌烟瘴气、生态恶化，不符合人民利益。"[②] 抓好网络空间道德建设，对规范网络社会行为、调节维持网络社会关系及秩序有着重要作用。近年来，以清朗有序净化网络空间是国家规范和治理互联网的重要目标之一，以政府为主导的互联网空间治理正在逐步展开，网络空间治理取得一定成效，网络空间日渐风清气正。

一、网络伦理新故事

茹毛饮血的原始社会、刀耕火种的农业社会、机器轰鸣的工业社会在漫长的人类历史长河中更替走来，生产力与生产关系的辩证关系对人类社会形态变迁起到决定性作用。如今，智能时代、信息社会、数字城市、网络社会、后工业文明等标识新的网络时代的字眼扑面而来，深刻地改变着人类社会的方方面面。在当今世界的人类社会活动中，网络空间成为公民各项政治、经济、文化、道德等各种活动的重要载体。伴随

[①] 《新时代公民道德建设实施纲要》，北京：人民出版社 2019 年版，第 20 页。
[②] 《习近平谈治国理政》第二卷，北京：外文出版社 2017 年版，第 336 页。

着人类在网络空间中的各种活动，也产生了一系列新问题、叙述着一个个新故事，引发我们更加关注和思考这些故事背后网络空间的道德建设和综合治理问题。

秦火火案件：自媒体要坚守网络道德底线

"秦火火"，北京尔玛互动营销策划公司的一名员工，秦志晖是他的原名。为了增加个人影响力与知名度，秦火火利用众多网络平台，有目的地设计并传播谣言，对网络事件进行刻意炒作，恶意中伤公众人物，从中获益。他曾经利用"煽动温州动车事件后外国人获得政府约2亿元赔偿金"的不实言论，挑战群众与政府的关系；诋毁雷锋，捏造雷锋奢侈生活的虚假情节，传播国家塑造雷锋形象的谣言；以"郭美美炫富事件"为由，蓄意炒作，对我国慈善救援体系作恶意攻击；传播中国残联主席张海迪身为中国人却持日本护照等不实信息。北京警方在2013年8月刑事拘留了秦火火，拘留理由是寻衅滋事罪以及涉嫌诽谤罪。

2014年4月11日，北京朝阳人民法院公开审理了"秦火火"一案。随即，原名秦志晖的"秦火火"被提起公诉。他被公诉机关指控从2012年12月到2013年8月间，分别以多个微博账户如"淮上秦火火"、"东土秦火火"以及"炎黄秦火火"等自媒体账号，接连捏造了罗援、杨澜以及张海迪等人的谣言，并大量散播在互联网上，使他们名誉受损、被不明真相的民众指责。秦志晖为了增加个人知名度而继续自我炒作，以"中国秦火火_f92"的名字注册了新浪微博，并对原中华人民共和国铁道部进行恶意攻击，捏造并传播虚假信息，导致负面评论不断。公诉机关指出，秦志晖在互联网上捏造并传播有损他人名誉的虚假信息，给社会带来恶劣的影响，破坏社会道德，严重影响了社会公共秩序。该行为明显违反了国家刑法规定，必须以寻衅滋事罪以及诽谤罪等罪名追究秦志晖的刑事责任。

秦志晖在法庭上当场认罪，并认为自己被提起公诉是自食其果，承认自己使用了不正当的手段。在为自己辩护时，秦志晖如此说道："在过去数月的反思中，我得到以下结论——首先，个人行为违反法律规定，不被法律认可，使自己的错误行为使群众不满政府或公众人物；其次，忽略了网络平台这一空间是虚拟的但不是虚无的，是自由的但不是无底线的，自己失去了自律，使他人的声誉、名誉严重受损；最后，自己忽略了网络也是在国家监控范围内的，忘记了法律的存在，失去了道德的约束，严重破坏了网络秩序。"秦志晖表示，他的犯罪事实希望可以为众人敲响警钟。

"秦火火案件"是我国网络发展史上的一个标志性事件，司法机关对其进行依法公开审理是我国网络空间道德建设的一个里程碑，警示着自媒体和网络个人主体在发展和运营中应坚守好道德原则和底线，网络言论必须遵守法律法规，不可凌驾于法律之上，自媒体和个人应当做到网络自律。网络空间虽然具有"匿名"的属性，但"匿名"不等于"无名"，不等于可以肆意妄为；网络空间不是一个虚无缥缈的世界，它正在成为我们生活中越来越重要的活动场域，任何主体在网络上的所作所为都将不同程度地影响着他人和社会，都必须遵守基本的网络规范和网络道德。

杜天禹案件：严厉打击电信诈骗，维护网络诚信道德环境

近些年来，电信网络诈骗越来越猖獗，自2016年开始，我国司法机关联合政府相关部门重拳治理，严厉依法打击电信网络诈骗犯罪行径。综合治理、标本兼治，打击电信网络新型违法犯罪活动的持久战正在升级为多部门联合发力的歼灭战，并取得了一系列显著成果，有力维护了网络空间的诚信道德环境。2019年11月20日，我国最高人民法院通过《人民法院报》向全社会详细介绍和公布了十起电信网络诈骗犯罪典型案例，其中杜天禹案备受社会各界关注。

被告人杜天禹通过侵入他人网站植入木马程序病毒的方式，非法

侵害山东省 2016 年普通高等学校招生考试信息平台网站，并获得了此网站管理权，非法获取该年山东省高考考生个人信息 64 万余条，并向另案被告人陈文辉售卖以上非法信息 10 万余条，非法获得收益 14100 元。陈文辉利用从杜天禹处购得的以上信息，组织多人实施电话、网络等电信诈骗犯罪，累计拨打诈骗电话共计 1 万余次，非法骗取他人钱财 20 余万元，并造成该年高考考生徐玉玉死亡。

该案由山东省临沂市罗庄区人民法院一审，案件当庭宣判后，被告人杜天禹表示服从判决不进行上诉。法院认为，被告人杜天禹违反国家有关规定，非法获取公民个人信息 64 万余条，出售 10 万余条，其行为已构成侵犯公民个人信息罪。被告人杜天禹作为从事信息技术的专业人员，本应当知道保护公民个人信息和维护信息网络安全的重要性，但是却利用自身的专业技术特长，非法侵入高等学校招生考试信息平台的网站，窃取考生个人信息并出卖牟利，严重危害了网络安全，对他人的人身财产安全造成重大隐患。根据以上犯罪事实，以侵犯公民个人信息罪判处被告人杜天禹有期徒刑六年，并处罚金人民币六万元。

侵犯公民个人信息犯罪一直以来被社会各界称为网络犯罪的源头，在这个基础上蔓延滋生了电信网络诈骗、敲诈勒索、绑架等一系列犯罪，具有十分严重的社会危害性，会造成十分恶劣的影响，严重损害网络空间的诚信道德环境，使我们成为潜在的受害者，导致人人自危。治理网络电信诈骗应双管齐下，用好法律和道德两种手段，让自律诚信成为网络空间各项活动秉承的价值主流，弘扬社会主义核心价值观，守护诚信道德观念，建立网络诚信运行机制，让缺失诚信的人受到应有的约束、谴责和惩罚，让遵守网络规范、坚守网络道德的人获得肯定、保护和鼓励。

李子柒的创意实践：打开网络文化国际传播的一扇门

织染衣服、酿造美酒、用古法造纸、用天然植物原料制作胭脂和口红……一个网络名称为李子柒的姑娘，把中华传统文化和中国乡村田园生活相结合，与制作团队拍成视频上传网络，获得了全世界的关注。她在国内外圈粉上千万，在 YouTube 上的粉丝数达到了 800 万，发布的短视频播放量大都在 500 万以上，作为自媒体平台影响力已然超越了很多传统媒体。在李子柒的网络空间里，传播中国文化，讲好中国故事，展现中国人生活中的自信与精彩、实践中国文化特色的创意故事，恬淡与舒适、人与自然和谐相处的生活哲学，给了她的观众们太多生动的启示与思考。

李子柒视频个人风格明显，有着显著的中国田园的诗情画意。种植、生产、制作、包装等全部环节她都亲自上手完成，清秀恬静的中国女性外貌，在乡村田园中采摘、烹饪、劳作，耐心地用中国传统手工技艺、中国古法烹饪技巧展现美食、器物从无到有的制作全过程。其视频时间跨度很长，经常拍摄一条主题视频内容，要跨越春夏秋冬。为了拍摄一个特定美食题材，她时常去专业的地方学艺，在家精心练习。为了给奶奶做蚕丝被，她从养殖蚕宝宝开始。在李子柒的视频中，处处可以体会到她的用心、精心和细心。她的视频常常能够极大地感染人心，引起观众的情感共鸣，比如对田园生活的憧憬、对有机食材的青睐、对质朴纯真生活的热爱、对勤劳简朴的欣赏、对古法手工的好奇、对家庭亲情的动容等。看她的视频，生活在忙碌都市中的人可以释放精神上的压力，感到轻松与美好，减少和减轻生活中的焦虑感。视频中，她说话比较少，这让观众更好地专注于 10 分钟左右的视频内容和画面、声音细节，增强了跨文化传播力。她把中国乡村田园生活艺术化呈现，画面精美、构图考究、制作精良，充满诗意的田园气息和浓郁的烟火味。

显而易见，在李子柒的创意视频中不存在宏大的叙事结构和主题，其展现和记录的是一个普通中国人民的日常生活，但却恰到好处地展现出了中华传统文化中的人文精神和道德底蕴，这正是中华文明与世界文明相互对话的重要窗口。"李子柒的作品很好地让中华优秀传统文化落地不同文化语境,传递出精致的、文明的、可亲的、具有烟火气和人情味的中国文化具象。在李子柒网络空间里,我们可以剖析出诸多为世界各国文化广泛接受的价值理念,如仁爱、勤劳、勇敢、与自然和谐相处甚至性别平等,这也是她能够受到广泛欢迎的重要原因。"① 透过李子柒的作品,人们更容易理解基于人类共同的价值理念和道德准则的文艺作品是对全球各国人民充满着吸引力的,也是具有感染力的。李子柒网络视频作品中彰显与表现出的人与自然的和谐共生、勤劳勇敢、平等自立、踏实付出、遵循孝道、淳朴节俭等道德观念深受各国人民的认可与欢迎,是大家共同文化价值观中的"最大公约数"。

二、网络伦理新内涵

作为社会物理空间的一种延伸,网络空间是伴随着互联网的发展衍生出的一种新型社会空间。网络空间内涵丰富、信息多元、技术多样、交互复杂。从技术层面讲,它的表现形式为计算机交互网络,是指将地理位置不同的具有独立功能的多台计算机及其外部设备,通过通信线路连接起来,在网络操作系统,网络管理软件及网络通信协议的管理和协调下,实现资源共享和信息传递的计算机系统。简单地说,就是将相关信息设备经由一定方式的软硬件连接达到信息分享资源共享的目的。从社会关系层面讲,网络空间可以理解为一种建立在互联网技术之上的社会交往空间,社会性是其基本属性,网络空间的生产与再生产体现了人的社会关系的生产与再生产过程。正确理解和把握网络空间的新内涵,可从现实常态、基本特征、发展愿景这三个视角加以认知。

第一,网络空间成为公民道德建设的新场域。随着互联网普及率的不断提高,我国网民规模截至 2019 年 6 月已达到 8.54 亿,居全球第一,

---

① 钟超:《李子柒为何能走红海外》,《光明日报》2019 年 12 月 9 日。

涵养好品德

網絡信息內容廣泛影響著人們的思想觀念和道德行為，要深入實施網絡內容建設工程，弘揚主旋律，激發正能量，讓科學理論、正確輿論、優秀文化充盈網絡空間。

庚子之春 黃繼成硬筆

互联网普及率超过全球平均水平2.6个百分点，随之而来的是人的思维方式和行为习惯发生了深刻的变化。首先，网络空间的社会性使得人的社会生活逐渐由线下转为线上，且线上占比日益增多。快速的传播及交流速度使得"即时"成为可能，甚至是一种时尚。信息交流模式的改变带来的是社交模式的转变，继而引起人类生存模式的改变。新时代，人们的社会生活日益丰富，人与人之间的交往"半径"不断扩大，地域空间的限制逐步克服，现实生活和虚拟空间中交替自由切换，这些使得人们的生活方式有了深刻的变化。其次，网络空间导致个人主体虚拟化的存在，使便利与危机并存。网络空间是基于现代信息网络技术而架构的场所，作为一种"虚拟的存在"，网络空间中的自由体现为一种"有限的自由"，网络空间中的交往体现为一种以"流动介质"为依托的"无中心的交互"，形成了与现实生活中的强烈反差。网络空间已经并正在产生诸多问题，而人类很可能会为这些复杂多样的网络问题继续买单。因此，积极开展网络空间的道德建设，构建合理有序、清朗干净的网络空间，已经成为公民道德建设的新场域和重要阵地。

第二，网络空间具备技术化、虚拟化、算法化等基本特征。首先，互联网具有其内在的技术规律和技术规范，按照特定的连接和传播渠道运作，正是因为具有这种内在规律和特点，网络空间具有明显的技术化特征，且兼具包容性和开放性。公民进入互联网后能够充分地利用网络信息，每个人都能够平等地获取网络服务。网络开放性赋予了互联网环境超越时空的特性，网络技术化为生产生活问题的处理提供便利。其次，同现实社会相比，网络空间是一种虚幻、虚拟的环境，具备虚拟化的特征。在现实社会中，人与人的关系是真实可见的，处于这种关系中的人随时在向对方提示存在的信息，而网络空间社交具有虚拟性特点，因为躯体不出现在这种关系当中，我们接触到的并不是鲜活的人，而是由各种数据、代码组成的网络信号。网络空间的虚拟性对人们的感受不亚于现实社会的影响，甚至产生的影响较现实社会还突出。"虚拟现实能够模仿比现实更逼真的环境，让人产生一种与真实环境截然不同的感受。在互联网环境中，人们利用互联网进行信息沟通和交流，每个人都有自己的身份标志，也可以伪造一个虚假的身份。"① 基于这一特征，在道德层面上，网络空间常常给民众以"虚拟化关系"的错觉，从而导致出现不负责的言行举止，认为自己"隐藏"在虚拟的符号之后就可以实现"隐身"，以致发生道德判断的偏差。最后，网络空间具有算法化的特征。大数据时代，每一个人在现实生活和网络空间中的足迹都将被大数据记录下来，人在网络空间中也变成一种数据存在。比如，2020 年初抗击新冠肺炎疫情期间，杭州市政府与高校科研人员、相关信息技术企业基于大数据的运算，迅速推出了"杭州健康码"。该健康码从个人的行踪轨迹、购物消费信息、人员接触、就诊情况、乘车信息等方面，进行综合运算与分析，将个人数据化，得出"绿码""黄码""红码"，帮助政府、社区与个人进行科学、有效的疫情防控。显而易见，在现有的网络空间和数据技术中，个人的一言一行都将被记录和备份，因此，在道德层面上对人们在网络空间中的素质、素养也提出了更高的要求。

---

① 蓝江：《新时代网络空间道德建设刍议》，《思想理论教育》2020 年第 1 期。

涵养好品德

第三，网络空间命运共同体成为人类命运共同体的新组成。习近平总书记指出："网络空间是人类共同的活动空间，网络空间前途命运应由世界各国共同掌握。各国应该加强沟通、扩大共识、深化合作，共同构建网络空间命运共同体。"①在国际社会的宏阔视野下，中国主张共同构建和平、开放、安全、合作的网络空间，多变、民主、透明的全球互联网治理体系，彰显的是一种共进理念，构建的是一种共利关系，追求的是一种共赢目标。首先，网络空间中，国与国、人与人间的利益相关和命运依存，是网络空间命运共同体进一步发展的现实条件。从国际关系伦理层面看，国际网络空间发展进程经历过"跑马圈地"的无序状态，国际社会日益期待构建一种平等尊重的网络空间伦理关系，尤其是在众多发展中国家和欠发达国家已经形成了广泛的共识。从全球治理层面看，构建网络空间命运共同体，本质上就是构建国家发展共同体，以及安全、责任和利益共同体，走互信共治的道路，让网络命运共同体更具活力，有利于推进全球治理的效能，普遍符合各国的利益和需求。从价值归宿层面看，网络空间命运共同体传递了深厚的价值理念和厚重的情怀底蕴，其根本目的是让世界各国人民在共享互联网发展成果上有更多获得感，最终惠及世界各国人民。其次，基本道德准则的认同感是网络空间命运共同体进一步发展的内因。网络空间是思想激荡、价值观碰撞、意识形态冲突的主战场，它深刻影响着全球政治经济利益格局的变化和发展。然而，网络空间的社会生活中，每个人都有道德需要，也相应地负有道德责任和义务。因此，网络空间中的人与人都能基本认同正能量和向善、向美、向真的基本道德准则。基于此，网络空间道德和现实社会道德良性互动，网络空间共同体得以同"屏"共振，形成互惠共享的合力，使得人类命运共同体在网络空间的延续和纵深发展具备了内在动能。最后，新兴科学技术的迭代是网络空间命运共同体进一步发展的技术保障。基础技术、非对称技术、颠覆性技术的突破，能够把网络

---

① 《习近平谈治国理政》第二卷，北京：外文出版社 2017 年版，第 534 页

信息化的数量优势进一步转化为质量优势，使互联网这个最大变量变成中国乃至世界发展的最大增量，让世界各地的民众在信息化发展中有更多的获得感、幸福感和安全感。

三、网络伦理新问题

网络空间的不断发展，一方面带来的是经济发展、技术跃升、生活便利、治理高效和文化思想的交融，另一方面随之而来的还有社会矛盾的更易激化和舆情的复杂多变等"衍生物"。网络空间的虚拟和网络社会的流动使得公民道德建设面临前所未有的新挑战。基于网络空间道德主体自我迷失、道德规范缺乏约束、道德关系不断异化，道德实践欠缺张力等因素，导致一系列新问题的出现。其中，网络隐私与知情权的冲突、网络数据所有权的确权、网络自媒体的约束规范等问题显得尤为突出。

第一，鼠标下的德性：网络空间中隐私权和知情权的冲突问题。隐私权给予公民保护自己隐私的权利，不让他人接近、侵入、公开和传播自己的私人事务，具有内隐性；知情权给予公民了解自己应当知道的一切权利，以满足其政治与精神生活方面的需求，具有公开性。正是基于两者的不同特性，网络空间中隐私权和知情权经常会发生冲突。因此，如何维护"鼠标下的德性"，从法律和道德层面上寻求两者的和谐共处之道，在保障隐私权的前提下扩展知情权，协调好两者之间的关系，值得各网络主体重点关注并展开有效的实践探索。例如，现阶段，网购早已成为一种广大公民的主流购物方式，买家在网络上购买某一商品时，常常会小心谨慎，尽可能避免泄露个人信息或兴趣爱好，也希望个人的购买或浏览痕迹等隐私被有效保护。然而，卖家与网购平台为了收集到更多的用户信息或资料，以此掌握用户的购物喜好，而擅自收集用户的个人资料与浏览足迹，并在此基础上将用户可能感兴趣的商品推送给指定用户，这些足以折射出隐私权与知情权之间的冲突。在大数据时代，网络空间中个人的隐私数据被不同的政府部门和商业主体收集和使用，这之中应当有法律和道德的双重约束。从法律层面上讲，个人的隐私信息应当受到法律的保护且明确信息的所有权在公民个人，任何商业化的收集和使用均应提前被公民个人知情和授权，否则商业主体就构成了侵权的行为。造成网络空间隐私权和知情权冲突的原因主要来源于两个层面。一是内因，即网络空间隐私权和知情权的内涵确证、边界界定仍不十分清晰，天然存在法律和伦理风险。在网络环境下，知情权主要体现对政务信息、社会信息和有关个人信息这三类信息的知情权，而网络空间中与隐私权产生冲突的主要是有关个人信息这一部分的知情权与隐私权相冲突。二是外因，人工智能应用的发展是隐私权与知情权发生冲突的客观原因。人工智能应用需要以海量的个人信息数据作支撑，人工智能越是"智能"，就越需要获取和分析更多的个人信息数据，技术的迭代升级无法有效规避信息泄露，获取和处理海量信息数据，不可避免会触及个人隐私保护这一伦理问题，应用不当带来的不可控因素使得这对矛盾更为凸显。具体而言，以下四类涉及网络空间的隐私权和知情权冲突主要表现最为典型：（1）工作场所雇主知情权和员工隐私保护之间的冲突；（2）电子商务中消费者隐私权保护与经营者的知情权及商业利益之间的冲突；（3）自媒体侵犯他人隐私权；（4）网络招聘中求职者的隐私权保护和用人单位对求职者信息知情权之间的冲突。

第二，谁动了我的奶酪：网络数据所有权的确权问题。随着互联网在我国的快速发展，网络空间中的主体逐渐数据化，网络数据的所有权到底是属于谁的，究竟是"谁动了我的奶酪"，成了绕不开的立法和道德评判问题。如何界定网络数据的属性和所得者，这中间涉及利益分配，唯有将利益所得者确定下来，才明白谁最应该得到保护，怎样保护，也只有确定了网络数据权属，才可以保障网络数据的安全和合法权益。在这个迅捷发展的网络大数据时代，大数据资源的利用已经成为各方争夺的焦点，想更好地发挥大数据资源的优势，必须从立法的角度对数据的权利界定以及权利内容予以明确，依照法律规定切实保护好各主

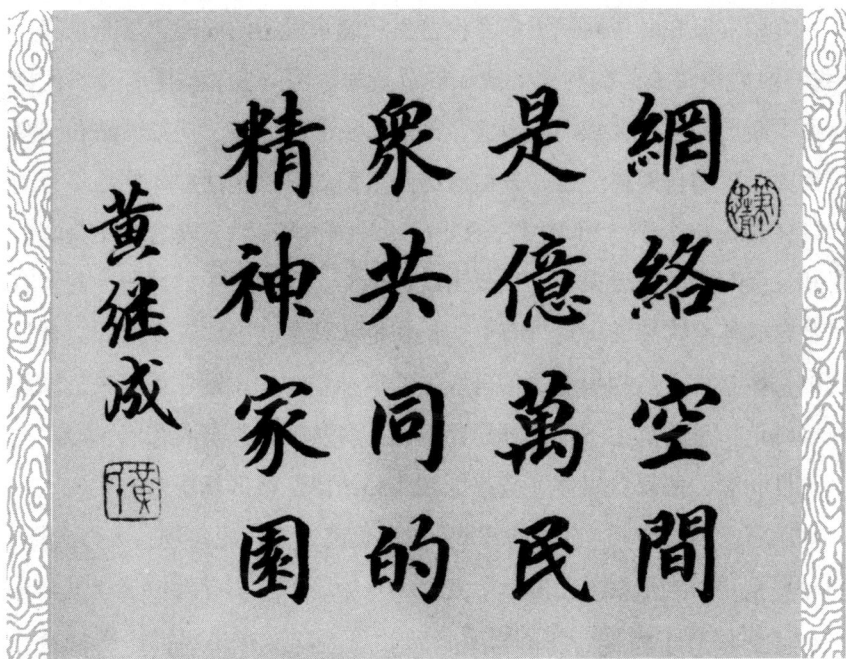

網絡空間
是億萬民
衆共同的
精神家園
黄继成

体的网络数据所有权的确权。从客观上讲，数据已成为一种重要资产，其流通和应用必然也涉及数据的所有权问题，明晰数据的所有权，是大数据交易的前提与基础。以 Internet 为基础的信息网络虽然便捷了数据的共享，但是却不能实现数据的确权，互联网数据无法产生合法的明确的价值。网络数据所有权的确权问题的根源，主要是基于互联网本身带来的技术性壁垒。互联网诞生之初首先应用于解决军队间的沟通问题，其存在的本意就是去中心化，因此最早的网络底层协议都是免费公开的，开放协议本身也是为了更多人的参与，可以说在互联网发展初期，网络数据所有权的确权问题没有被纳入技术开发规则规范的范畴，天然有了技术屏障。而在现实状态下，数据所有权无法清晰界定，互联网用户为了保护自身数据所有权需要付出的代价高昂（分布式应用技术带来的存储数据成本只有互联网巨头才负担得起），使得用户无法有效保护属于自己的网络数据，无法避免数据被别人利用、篡改甚至操控。

第三，我的地盘我做主：网络自媒体的约束和规范问题。网络自媒体的繁荣发展在赋予网民更多言论自由和展示机遇的同时，不断暴露出"我的地盘我做主"的约束欠缺和规范缺失。网络自媒体随着技术的创新而不断更新现有体裁，以微信、微博、新闻客户端、视频网站和网络广播为代表的自媒体平台，日益渗透到人们的日常生活中，层出不穷的自媒体构成一个个"超级舆论场"和"超级大舞台"，成为网民获取信息和社会交往的重要渠道，也成为藏污纳垢、乱象丛生的域所，甚至有少数自媒体沦为传谣刷量带节奏、低俗色情标题党、隐私泄露和名誉损害的快捷渠道。从内因上看，自媒体的慎独精神和质疑意识缺失，网民正确筛选信息的能力不足、部分存在轻信盲从、迷失自我和麻木冷漠的非理性状态，使得自媒体突破道德底线和法律红线的状况屡有发生。从外因上看，网络空间"沉默的螺旋"效应仍然占据一定市场，人性关怀、道德厚植、科学法治等正能量要素并不是始终占据主导地位，让见利忘义的自媒体有了蛊惑一时的可乘之机。这一现象次生出一连串社会问题，如自媒体本身纠错机制和自净功能的效能随之降低、传统新闻标准被自媒体不断拉低、网络空间公平公正公开原则受到极大的考验等。因此，提高自媒体的自律性迫在眉睫。如何让网络行为主体既能熟知网络道德标准，又能自觉抵制道德失范行为，成为网络空间道德建设亟待破解的难题之一。

四、网络伦理新实践

新时代，网络空间的内涵不断深化，打造天朗气清、生态良好的网络空间，推进新时代网络空间道德建设，必须以习近平新时代中国特色社会主义思想为指导，切实贯彻落实《纲要》精神，建立健全网络综合治理体系，提升科学化治理水平，依法依规加强网络空间治理，让"内容第一""从我做起""清朗空间"成为新时代网络伦理新实践的关键词。

第一，内容第一，多方面加强网络建设。随着新技术、新应用、新模式的演进，借助互联网思维打破内容形态边界、升级内容生产能力，已经成为推进媒体融合发展的共识。首先，用正能量为网络内容建设树立风向标。网络空间的内容主要传递两种形态的知识，一种是日常生活中的通过网络接入和互动形成的知识，另一种是政策意义或是技术意义上的严肃的、专业化的，体现为理性思考的知识体系。加强网络内容建设，要同时关注这两类知识形态的传播特点和路径，有效引导，分清善恶，既能将社会主义道德方向和正确的网络道德理念融入"虚拟生活"，也能提高祛除网络杂音噪声，甚至是雾霾的效能。主流媒体既要创新求变，更要坚守初心，特别是能对网上热点话题和突发事件予以正确有效引导，客观理性有效化解网络戾气，让正能量始终占据网络空间的主动权，推动网络文化向阳生长。其次，用社会主义核心价值观为网络内容建设提升纠偏力。网络内容需要特别关注道德边界，特别是介于法律层面和道德层面之间的灰色地带，在维护受众知情权和言论自由权的基础上，积极引导网络空间内容与言论的社会主义核心价值观导向。特别是要建立一套网络创作生产传播的激励惩戒机制，破除网络空间不良思想文化侵蚀和有害信息影响。最后，以德的感化力量为网络内容建设注入永动能。"法安天下，德润人心"，要用润物细无声的方式潜移默化地完善人们的价值判断和道德认知。要充分调动"最大公约数"的道德实践自觉性，将中国网民甚至是世界各国网民普遍认可和接受的道德准则，融入具有中国特色、中国风格、中国气派的网络话语传播体系，引导互联网企业和网民创作生产传播格调高尚、饱含真善美的网络作品，促成文明自律网络行为的养成。

第二，从我做起，培养文明自律行为。网络行为主体的文明自律是网络空间道德建设的基础。面对五花八门、真假难辨的网络信息和焦点事件的传播时，并非所有行为主体都能够自发形成自律行为。因此，培养文明自律行为要做到自律和他律相结合。首先，全社会需要建立和完善规范网络行为的道德准则和文明条例，明确界定网络行为的是与非、善与恶、美与丑、荣与辱等，对不尊重他人隐私权、制作和传播"低俗、庸俗、媚俗"等有违社会风气良俗及社会主义核心价值观要求的网

天朗氣清

黄継成

络行为予以明确界定，划清底线、红线。其次，网络行为主体自身要理性关注，辩证思考，树立法律和道德意识，认识到网络并不是"法外之地"，不受跟风主义影响而失去自我和自律，做到线下自律与线上自律相统一，避免沦落为传播谣言或助力网络暴力的"帮手"。最后，要以网络命运共同体的理念指导网络实践活动。人人自律起来，人人从中受益。网络空间需要广大民众坚定的理想信念的召唤，也需要社会主义核心价值观在网络空间中的集体实践，更离不开网民们的互相督促和协力团结。只有越来越多的人拥有"从我做起"的主动意识，积极传递正能量，在面对不合理、不理性等言行举止时敢于"亮剑"、敢于"发声"，由人人"自律"带来的网络空间和谐美好的氛围才会越来越浓厚。

第三，清朗空间，营造良好网络环境。网络空间是亿万民众共同的精神家园。新时代营造清朗网络空间，应不断提升对新科技条件下道德建设规律的科学认识，从组织动员力提升、道德治理法治化和全媒体融合这三个层面形成合力。首先，要积极动员各方力量开展有效的网络环境治理。要实现网络空间道德线上线下的良性互动，需要培育符合互联网发展规律、体现社会主义精神文明建设要求的网络伦理、网络道德；需要培养更多维护网络道德生态的"护林员"[1]和"报喜鸟"；需要选树意见领袖提振正面情绪、化解负面情绪、弘扬优秀文化；需要强化应用市场平台和应用程序平台的监管，特别是对具有媒体属性和动员能力的网络平台的监管。其次，要推进网络空间道德治理法治化。道德和法律相

---

[1]　李小标：《着力加强网络空间道德建设》，《解放军报》2019 年 12 月 27 日。

互区别又互为依存，规范网络空间主体行为，强化网络空间道德实践，离不开法律的约束和调节。网络空间自由性、自主性和自发性的特点，使得现有法律制度的触角难以延伸至网络行为的各个层面。近日，国家互联网信息办公室发布《网络信息内容生态治理规定》（以下简称《规定》），通过全体参与、全平台覆盖、全流程监督、全环节治理的制度设计，构建了网络信息内容的规则闭环，密织了一张清朗网络空间的规则之网。在此基础上构建良好网络生态的道德治理法治化探索，应当关注以下三个重点：一是《规定》与现有以《网络安全法》为基础框架形成的规范体系的融合和法治化提速问题；二是硬质的规则规范与软质的道德调节之间的综合统筹问题，特别是两者间灰色地带的调控方式和标准需要进一步厘清；三是如何确保网络空间道德约束制度落实落地、落细落小的问题，特别是要平衡好"放"与"管"的关系。最后，加大融媒体整合力度，备好转型升级"工具箱"。5G 技术已经成为媒体融合发展面临的最大变革，如何跟上技术进步的步伐，将人工智能、大数据、云计算等技术运用于已经或即将释放的各个应用场景，应用于信息的采集制作、生产分发、接受反馈等各个环节，让主流价值导向拥有更强的话语权和驾驭"算法"的能力，需要政府相关部门、媒体媒介从业者和业内专家共同推进的系统工程。可以预见，新型的融媒体合作模式能兼具守正创新、高频共享、协同高效的特点，更加完善的全媒体传播体系将进一步优化传播生态，扩大社会主义核心价值影响力的广度和深度，为构建智能互联、清朗洁净、造福人民的网络空间作出贡献。

涵养好品德

后　记

　　古往今来，道德、品德、美德一直是中国人生命持存和境界提升的重要主题，从"德不孤、必有邻"到"为政以德"，从"吾善养吾浩然之气"到"老吾老以及人之老"，无一不彰显着中国人一直以来对好品德的追求与践行。亚里士多德说："德性是使一个事物状态好并使得实现活动完成得好的品质。"道德既是人之为人的必然构成，又是对人之为人的充分论证；好品德不仅对人的自由全面发展发挥着重要作用，而且为整个社会的自由全面发展提供精神动力。新时代，人民对美好生活的需要日益增长，其中，精神、道德、价值等需要作为美好生活需要的重要维度，为丰富生活样态、提升生活品质、实现人生价值，推动人与自我、人与他者、人与社会的本真性契合奠定了坚实基础。

　　中国女排为国争光，诠释了"升国旗，奏国歌"的责任与担当；易霞、翁芯"上秒哭下秒笑"，演绎了"最敬业变脸"；陈月英省吃俭用7年，信守承诺帮儿子还贷；官文宾背着书柜进大山，将助学公益坚持到底；曹凯要求家庭中的每个人都要发扬自力更生、艰苦朴素的延安精神，将"红色家风"代代相传；"普通的守岛者"王继才夫妇作为基层工作者的榜样，让我们无限敬佩……2020年春节，一场突如其来的新冠肺炎疫情暴发并迅速扩散，形势严峻，时刻牵动着全国人民乃至海外朋友的心。一批批基层干部、白衣战士、武警官兵、志愿者爱岗敬业、无私奉献、勇敢逆行，以坚决有力的实际行动与这次疫情作战，充分彰显了在特殊情境中人之为人的使命感、责任感与崇高感。这些真实感人的好品

養吾浩然之氣 善吾

繼成

德故事带给我们创作、编写这本书很多启发和思考。由新时代的好品德故事引出不同的道德关键词及相关伦理学主题，分析公民道德建设中的道德问题，启发新时代公民道德建设实践，是我们在本书中呈现的一条基本线索。

国无德不兴，人无德不立，道德建设是人类社会的永恒主题。然而，在不同的时代，有着不同的内涵。党的十八大以来，以习近平同志为核心的党中央高度重视公民道德建设，立根塑魂、正本清源，作出了一系列重要部署，推动思想道德建设取得显著成效。新时代的公民道德建设是适应我国社会主要矛盾变化、满足人民对美好生活向往的迫切需要。它以培养担当民族复兴大任的时代新人为目标，立足于新时代的历史方位，具有新的时代内涵、目标追求与表达方式。本书围绕家风传承、中华美德、爱国情怀、敬业精神、慈善之心、榜样力量、诚信品格、制度之善、道德治理、网络伦理十个关键词进行十讲专题分析，从新时代家风、党风与社风的共同推进、中华传统美德的创新性转化、爱国主义与实现中华民族伟大复兴的中国梦密切关联、敬业精神与不忘初心的互融互通、慈善公益与共同体精神的内在一致、新时代榜样对个人梦与中国梦的有力结合、诚信价值观对美好生活的意义支撑、道德制度的新时代建设、道德治理对国家治理体系的积极融入、网络空间成为新时代公民道德建设的新场域等方面厘清了新时代公民道德建设的新内涵。

后记

涵养好品德

当前，我国公民道德建设领域依然存在不少问题。如家风建设的功利化，全球主义、个人主义、历史虚无主义与民族主义等思潮对爱国主义思想的冲击，快节奏社会中职业信仰的淡化，公益"作秀"现象的出现，偶像崇拜对榜样引领的冲击，陌生人社会中普遍化的诚信焦虑，制度成为一种"无德性的供给"，道德风险的评估不足，等等。不同公民对道德标准的相悖性理解、肢解式行为使本应具有内在一致性的道德共同体在不确定的道德风险面前脆弱性频现、劣根性强化。密涅瓦的猫头鹰总是在黄昏时起飞，因为它要回望白天、反思白天。古希腊哲学家苏格拉底曾经说过："没有经过反思的生活是不值得过的。"当我们为生活拼尽全力的时候，我们是否时常回望来时的路，我们曾经坚守的道德原则是否还在？我们曾经坚定的理想信仰是否淡化？当然，我们也必须承认并直面人的道德脆弱性，我们的确会在道德冲突、道德困境中面临着很多价值排序的两难，但与此同时，我们也更要以积极的道德行动对真善美的不断追求增强反脆弱性力量。这也是我们编写本书的主要目的所在。

道德建设的生命力在于每位公民的道德践履。人的现实存在与理想存在之间的距离决定了人始终处于不断超越"此岸"进而走向"彼岸"的"未完成"状态。人对真善美的不懈追求决定了新时代的公民道德建设不是一朝一夕、一蹴而就的，它需要久久为功，需要国家、社会与个人在持久的、常态化的道德认知、道德情感与道德行为过程中不断推进。正如习近平总书记所言："核心价值观的养成绝非一日之功，要坚持由易到难、由近及远，努力把核心价值观的要求变成日常的行为准则，进而形成自觉奉行的信念理念。"① 以《新时代公民道德建设实施纲要》为指导，大力弘扬社会主义核心价值观，深化道德教育引导，把社会公德、职业道德、家庭美德与个人品德作为着力点，是公民道德建设的基本遵循。勿以善小而不为，勿以恶小而为之。坚持底线伦理与高位

---

① 《习近平谈治国理政》，北京：外文出版社 2014 年版，第 174 页。

伦理的有效结合，推进道德理想的现实化，在日常生活中讲道德、尊道德、守道德，将外在的道德规范化为内心认同、自觉践履的道德力量，以为社会、为他者的道德责任应对复杂多样的道德风险，将道德行为落细落小落实，是每位公民的使命与职责。

本书的选题是学习《新时代公民道德建设实施纲要》的一点体会，也是"涵养"系列：《涵养好家风——党员的十堂主题党课》一书（人民出版社 2018 年 10 月出版）的一种拓展和延续。在此，特别感谢人民出版社编审洪琼博士多年来的支持和鼓励。同时，非常感谢我们团队的行动力以及每位成员无私的付出。本书的写作集中在寒假期间，也是新冠肺炎疫情期间，大家或坚守岗位，或参与社区志愿服务，或安心宅家，但都在这次疫情中时刻心忧生命、心寄疫区，时刻关注安全、健康和人民福祉，这样一种情怀也或多或少体现在本书各讲中。具体来讲，承担本书各讲初稿的是：第一讲：沈丹；第二讲：李家祥；第三讲：郗凤芹；第四讲：刘玲；第五讲：林威；第六讲：金梦佳；第七讲：张登皓；第八讲：赵馨姝；第九讲：李岩；第十讲：吕媛媛。本人主要承担全书的章节框架、案例选择和提纲拟定，写作风格、文字统稿以及各讲的修订润色工作；郗凤芹博士担任文字统稿和校对工作，感谢所有人的辛

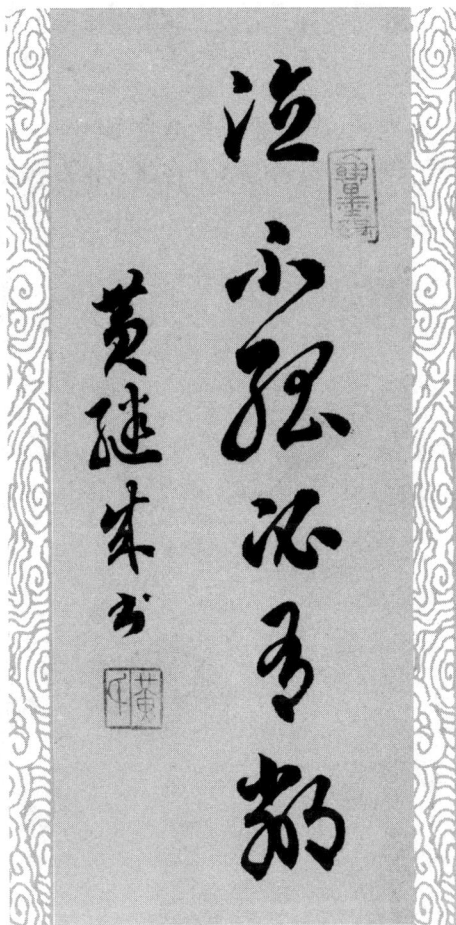

后记

181

勤工作。此外，还要感谢黄继成先生为本书题写了书名和内文中的书法作品。

此外，本书所选取的各个案例、故事和事件评论等很多来自一些报刊、网站、微博客等，在此一并表示感谢。如有遗漏标注出处的，在此表示歉意。

敬请各位读者批评指正。

张 彦

浙江大学求是园

2020 年 3 月